ReliBausteine primar

Michael Landgraf

Jesus begegnen

Seine Zeit – Sein Leben
Seine Worte und Taten

Calwer – RPE – VSP

ReliBausteine primar – Jesus begegnen

ISBN: 978-3-7668-4191-9 (Calwer)

ISBN: 978-3-938356-36-4 (RPE)

ISBN: 978-3-939512-28-8 (VSP)

2. Auflage 2017

Satz: Verlagshaus Speyer
Umschlaggestaltung: Karin Sauerbier, Stuttgart
Druck und Verarbeitung: Mazowieckie Centrum Poligrafii –
05-270 Marki (Polen) – ul. Słoneczna 3C – www.buecherdrucken24.de
Internet: www.calwer.com
www.verlagshaus-speyer.de
www.rpe-online.com
E-Mail: info@calwer.com
info@verlagshaus-speyer.de

Inhalt

Einführung: Jesus begegnen

Jesus begegnet uns in vielen Bildern: Als guter Hirte über dem Bett der Großeltern, als Weltenrichter, der einen im Urlaub von der Decke einer griechischen Kirche streng anschaut, als freundlicher Mann in der Kinderbibel, von dem die spannenden Geschichten im Kindergarten erzählt wurden. Solche Bilder spielen eine Rolle, wenn es um die Frage geht: *Wer ist Jesus?*
Die Frage beschäftigt nicht nur Christen seit rund 2000 Jahren. Gesellschaftlich gesehen scheint sie zwar immer weniger relevant zu sein, doch spielt sie für eine Orientierung in den religionspädagogischen Arbeitsfeldern der Schule und Gemeinde eine große Rolle. An ihr entwickelt sich das Verständnis, was es heißt, ein Christ zu sein.
Menschen begegnen Jesus auf unterschiedliche Weise. Das war schon zu seinen Lebzeiten so. Von den einen wurde er verehrt. Erwartungen an eine bessere Welt spiegelten sich in der Begegnung mit ihm. Andere sahen in ihm den Aufrührer und wollten seinen Tod. Heute noch sehen ihn Menschen aus unterschiedlichen Blickwinkeln. Für die einen ist er primär **Jesus von Nazareth** – ein wahrer Mensch und ein Vorbild. Andere sehen in ihm auch **Jesus den Christus** – Messias und Sohn Gottes, durch den Gottes Liebe zur Welt offenbar wurde. Beide Namen weisen auf unterschiedliche Facetten der Person Jesu hin.
Das Zeugnis, woraus wir unser Wissen über Jesus speisen, ist das Neue Testament. Diese Schriftensammlung entstand unter dem Eindruck von Ostern – herkommend von der Erkenntnis: Jesus ist Sohn Gottes, der erwartete Retter und Messias (griechisch: Christus). So liegt in den Evangelien kein objektiver Lebensbericht des Menschen Jesus von Nazareth vor, sondern ein Glaubenszeugnis der ersten Christen. Wir begegnen also in den überlieferten Jesusworten und Geschichten primär dem Christus des Glaubens. Dies macht es heute schwer, zum eigentlichen Kern einer Biografie Jesu vorzudringen.
Für eine Begegnung mit Jesus sind aber nicht nur die biblischen Schriften entscheidend. Neben dem Glaubenszeugnis der Urchristen spielt die Lebens- und Denkweise der Menschen von damals eine Rolle, denn nur aus dem Kontext heraus können wir die Botschaft Jesu und sein Wirken verstehen. Daher gilt es, in der Auseinandersetzung mit der Person Jesu auch den Aspekt „Zeit und Umwelt“ zu beachten.
Wer Jesus ist, entscheidet sich letztlich auf der persönlichen Ebene durch die Vielzahl von Eindrücken, die man von ihm erhält. Dies können Worte der Bibel sein, die Erfahrungen der Menschen, die ihm begegnet sind, oder auch Bilder, die uns begegnen.
Der vorliegende Band soll helfen, eine erste Begegnung mit Jesus zu ermöglichen. Es werden daher kindgemäß unterschiedliche Facetten Jesu eingeführt, damit sich Kinder ein erstes Bild über den Mann aus Nazareth und den Christus machen können.

Theologische Überlegungen

Was wir über Jesus wissen

Über viele Jahrhunderte interessierte man sich kaum für das Leben Jesu. Im Zentrum stand die dogmatische Erkenntnis: Jesus ist der Sohn Gottes, der Erlöser der Welt, durch den man einen Zugang zu Gott erhält. Die historische Erforschung seines Lebens begann erst vor rund 200 Jahren, als man sich „historisch-kritisch“ den Texten des Neuen Testaments zuwandte und mit den Methoden der Geschichts- und Sprachwissenschaft untersuchte. Ziel war es im Zeitalter der Aufklärung, mehr über den Menschen Jesus zu erfahren und einen vorurteilsfreien Zugang zu den Quellen zu erhalten. „Das Leben Jesu für Kinder“ von Jakob Friedrich Feddersen (1776) stellte Jesus als Kinderfreund und Tugendlehrer dar und hob dabei den Menschen Jesus hervor. Mit dem Werk „Das Leben Jesu kritisch bearbeitet“ schuf David Friedrich Strauß 1835 eine der ersten Jesus-Biografien auf Grundlage historisch-kritischer Forschung. Die Entwicklung der „Zwei-Quellen-Theorie“ mit der Entdeckung von Markus als dem ältesten Evangelium ermöglichte es, Gemeinsamkeiten und das „Sondergut“ der Evangelisten herauszuarbeiten und so deren theologische Interpretation deutlich zu machen. Langsam entwickelte sich ein Bild des historischen Jesus und seiner „ipsissima vox“, seiner „eigenen Stimme“. Doch stieß dieser optimistische

Weg bald auf Kritik. In seinem Buch „Geschichte der Leben-Jesu-Forschung“ wies Albert Schweitzer (1. Auflage 1906) nach, dass es kaum möglich sei, eine objektive Jesusbiografie zu erstellen. In seiner „Geschichte der Synoptischen Tradition“ (1. Aufl. 1921) kam Rudolf Bultmann sogar zum Schluss, dass alle Texte des Neuen Testaments im Dienst des Glaubens stehen – also nur etwas über Jesus den Christus aussagen. 1953 regte Ernst Käsemann mit dem Vortrag „Das Problem des historischen Jesus“ die Frage nach dem historischen Jesus wieder an („Third Quest“). Seither bezog man stärker die Umwelt Jesu (Sozial- und Religionsgeschichte) und dabei römische und jüdische Quellen in die Analyse der Person Jesu ein. Dazu kam später die biblische Archäologie, die das Leben in damaliger Zeit beleuchtet. Sie erhellt, wem die Botschaft Jesu galt und in welchem Kontext sie verbreitet wurde.

Wenn man zusammenfasst, was über Jesus von Nazareth gesichert erscheint, bleibt allerdings nicht viel. Jesus wurde um 4 v. Chr. geboren, als der römische Kaiser Augustus mit seinem „römischen Frieden“ (Synonym für Unterdrückungsfrieden) die damalige Welt beherrschte. Unklar ist, ob er in Nazareth (was viele Forscher vermuten, da man einen Menschen nach seinem Geburtsort benannte) oder in Bethlehem (was die Evangelien überliefern) zur Welt kam. Gestorben ist Jesus in Jerusalem, nach dem Passahfest um das Jahr 30 n. Chr. am Kreuz. Sein Name Jeschua („Gott hilft“) war damals verbreitet. Nur wenige Hinweise gibt es über seine Eltern (Mt 13, 55; Lk 2, 4f.; 3, 23) und seine Geschwister (Mt 13, 55f.; Mk 3, 32). Als Vater wird Joseph genannt, ein Handwerker (Mk 6, 3). Man geht davon aus, dass Jesus mit ihm in Nazareth oder auf Großbaustellen wie im nahe gelegenen Sephoris gearbeitet hat, wo man seinen Unterhalt verdienen konnte. Seine Mutter Maria gehörte später noch der christlichen Gemeinde in Jerusalem an (Apg 1, 14). Das Verhältnis zu seiner Familie war aufgrund seiner Tätigkeit zeitweise gespannt (Mk 3, 20f.). Dass er lehrte, die Schrift auslegte und von seinen Anhängern meist als „Rabbi“ (Lehrer) angesprochen wurde, zeigt, dass er sich Bildung aneignete. Der prophetische Johannes der Täufer dürfte ihn beeindruckt haben, da er sich von ihm taufen ließ. Nach dieser Taufe trat Jesus in seiner Heimat Galiläa als Wanderprediger auf – vermutlich um 28/29 n. Chr. Orte, an denen er wirkte, waren Galiläa sowie Kapernaum (z.B. Mk 1, 14; 2, 1) und Betsaida (Mk 8, 22) am See Genezareth. Zentrale Jesusgeschichten spielen in Jericho (z.B. Mk 10, 46 und Lk 19, 1) und schließlich in Jerusalem (Mk 11ff.). Eine kleine Zahl von Jüngern („Schülern“) und auch Frauen folgten ihm (Mk 3, 13-19; 2, 14; Lk 8, 1-3; Joh 11, 1-5). Seine Worte und besonders die Gleichnisse zeigen, dass er primär die ländliche Bevölkerung ansprach, unter denen er Anhänger fand. Darüber hinaus kümmerte sich Jesus um Menschen am Rande der Gesellschaft wie etwa Aussätzige (Mk 1, 40), Gelähmte (Mk 2, 3), Blinde (Mk 8, 22), Zöllner und Sünder (Mk 2, 15; Mt 9, 13). Die Evangelien berichten, dass sich in Streitgesprächen eine Gegnerschaft zu seiner Lehre aufbaute (Mk 2, 6f.; 3, 6.22; 12, 38; 14, 55). Unklar ist, wie lange Jesus wirkte, denn die Synoptiker erwähnen nur ein Passahfest, das Johannesevangelium hingegen beschreibt, dass er drei Mal zum Passah nach Jerusalem zog. Ein kürzerer Zeitraum scheint wahrscheinlich. Nach der johanneischen Darstellung wurde Jesus am Tag vor dem Passah (Freitag) im Jahre 30 gekreuzigt (siehe Mk 15, 42 und Joh 19, 31).

Worte und Taten Jesu

Zentrum der Worte und Taten Jesu ist der Bezug auf das bevorstehende Reich Gottes (Mk 1, 14f.). Damit steht Jesus mit seiner Botschaft im antiken Judentum nicht allein, denn in seiner Zeit gehen einige von einer Naherwartung aus (Apokalyptik) und rechnen mit dem Eingreifen Gottes in die Welt. Nach Jesus wird Gott eine menschliche Welt aufrichten, in der er wie ein fürsorglicher Vater für die Menschen sorgt (Mt 7, 7). Gottes vollkommene Liebe zum Menschen durchzieht die Botschaft des gesamten Neuen Testaments, sodass am Ende Liebe als Synonym für Gott stehen kann (1. Joh 4, 8). Besonders das Gebet Jesu (Vaterunser, Mt 6, 9-13) und die Botschaft des Lukas heben die Vergebungsbereitschaft Gottes hervor (z.B. beim Zöllner Zachäus, Lk 19). Eine zentrale Rolle spielen Gleichnisse von der Gerechtigkeit Gottes („Arbeiter im Weinberg“, Mt 20; „Gleichnis vom verlorenen Sohn“, Lk 15). Durch sie wird offenbar: Gottes Gerechtigkeit entspricht nicht dem menschlichen Gerechtigkeitsempfinden, sondern beruht auf seiner Barmherzigkeit. Als Folge daraus sollen die Menschen untereinander barmherzig sein (Lk 6, 36) – eine Kern-

botschaft, die das gesamte Wirken Jesu durchzieht. Wortwahl und sprachliche Bilder zeigen, dass Jesus seine Theologie auf das einfache Volk ausgerichtet hat, das täglich mit Landwirtschaft, Fischfang oder anderer Arbeit sein Brot erwerben musste. Ihnen verkündet er Gottes neue Welt.
Auch Jesu Taten stehen unter diesem Vorzeichen. Da so viele Wundergeschichten wie etwa Heilungen, Naturwunder oder auch Dämonenaustreibungen von ihm überliefert werden, kann man davon ausgehen, dass Jesus wirklich etwas getan hat, was seine Anhänger nachhaltig beeindruckte. Dies gilt in besonderem Maße für Heilungen. Sie gelten für Menschen der damaligen Zeit als Zeichen der Zuwendung Gottes, denn Krankheit wurde mit der Abwesenheit Gottes oder gar mit Gottes Strafe gleichgesetzt. Allerdings waren Wundererzählungen damals auch üblich, um das Besondere einer Persönlichkeit herauszustellen – den wunderbaren Retter. Selbst von römischen Kaisern sind solche Wundergeschichten belegt. Doch unterscheiden sich die Wunder Jesu dadurch, dass im Neuen Testament auf Gott als Ursache des Wunders verwiesen wird. Im Blick bleibt immer Gottes Reich und die kommende Zeit der Freude (Lk 6, 20f.; 10, 23f.), wo alle ein himmlisches Festmahl erwartet (Mt 8, 11). In der Begegnung mit Jesus können die Menschen jetzt schon erfahren, wie Gottes neue Welt aussehen wird (Lk 17, 21). Doch waren es nicht diese Worte und Taten, sondern das Erleben seiner Auferstehung, das dazu führte, dass ihn seine Anhänger als Christus (Messias) erkannten.

Zur Bedeutung von Ostern

Jesus und seine Jünger ziehen nach Jerusalem, zum Zentrum der politischen und religiösen Macht. Wie die Propheten geht Jesus das Risiko ein, von Mächtigen getötet zu werden. Die Ostergeschichte führt Höhen und Tiefen vor Augen. An Palmsonntag wird Jesus gefeiert und an Gründonnerstag ist er in enger Gemeinschaft beim Abendmahl. Noch in derselben Nacht wird er im Garten Gethsemane von seinen Jüngern alleine gelassen, von Zweifeln geplagt, verraten und verleugnet, bis er an Karfreitag verurteilt, gefoltert und ans Kreuz geschlagen wird. Die Kreuzigung ist für die römischen Besatzer die Strafe für politischen Aufruhr. Statthalter Pontius Pilatus sah in Jesus somit eine Gefahr für Roms Herrschaft. Da nur Pilatus ein Todesurteil aussprechen durfte, war er Verursacher des Todes Jesu, auch wenn die Berichte der Evangelien ihn im Nachhinein entlasten wollten. Daneben spielt wohl die Jerusalemer Tempelaristokratie (Sadduzäer; Hoher Rat) eine Rolle. Gründe für Jesu Tod waren sein machtvolles Auftreten, sein Anspruch, Menschen Gottes neue Welt nahezubringen sowie die Überzeugung seiner Anhänger, einen Propheten oder den Messias vor sich zu haben. Auch die Tempelreinigung und die Ankündigung, dass der Tempel zerstört werden wird (Mk 13, 1.14, 57f.; Joh 2, 19f.; Mt 26, 61), lösten Unruhe bei den Mächtigen aus (siehe Mk 14, 55ff.). Jesu Tod zeigt, dass er als „wahrer Mensch" litt und starb.

Doch bei dieser tiefsten Tiefe menschlicher Existenz blieb es nicht. Am Ostersonntag folgt die Auferstehung Jesu. Das Leben siegt über den Tod, Licht und Freude über Dunkelheit und Trauer. Die Auferstehung ist das zentrale Ereignis für die Christen: *„Ist aber Christus nicht auferstanden, so ist … auch euer Glaube vergeblich"* (1. Kor 15, 14). Damit wird Ostern und nicht Weihnachten zum wichtigsten Fest für Christen. Die Anhänger Jesu verarbeiten an Ostern die Frage, wer dieser Jesus für sie ist: Jesus der Christus, der Sohn Gottes. Älteste Zeugnisse dieses Glaubens sind die Paulusbriefe (z.B. 1. Kor 15, 3ff.) – eine theologisch durchdachte Christologie. Nach 1. Kor 15, 51 ist Jesus gestorben und Gott hat ihn zu einer neuen, geistigen Existenzform auferweckt – dem „ewigen Leben". Dadurch wird Jesus der von Gott angenommene Sohn.

Die Ostergeschichten spiegeln die Unsicherheit der Jünger (Lk 24), wollen aber das Vertrauen geben, dass Jesus auferstanden ist. Dazu leiten die Anhänger Jesu seinen Weg aus dem Alten Testament ab. Besonders bei Matthäus wird darauf Bezug genommen. Der Tod am Kreuz wird bei Markus durch das alttestamentliche Bild des leidenden Gerechten gedeutet (Jes 53) und mit dem Geschick der Propheten in Verbindung gebracht (z.B. Mk 12, 1-12). Darüber hinaus erklärt Paulus das Kreuz als Heilsgeschehen, wenn in Gal 4, 5 der Tod als Preis gesehen wird, durch den Jesus seine Anhänger aus der Macht der Sünde befreit. Einfacher deutet Röm 6, 4 den Tod Jesu, dass alle Menschen sterben müssen und deshalb auch Jesus als Mensch sterben musste. Durch die Taufe aber kann der Getaufte mit Christus auferstehen. Obwohl für die ersten Christen klar war, dass Jesus Gottes Sohn ist, waren sie sich unsicher, ab

wann er dies wurde. Während für Paulus die Auferstehung im Vordergrund steht (Röm 1, 3f.), sieht wenige Jahre später Markus in der Taufe das Ereignis, durch das Gott Jesus adoptierte (Mk 1, 11). Die Evangelisten Matthäus und Lukas setzen je unterschiedlich seine Geburt als das Datum der beginnenden Gottessohnschaft an, während für Johannes bereits vor der Geburt Jesus bei Gott war (Joh 1, 1-4).
Schließlich zeigt der Philipperhymnus, wie die frühen Christen Jesus als Gottes Sohn gedeutet haben: Er kommt in die Welt, nimmt dort sein Kreuz auf sich, damit sich Gott letztlich als der Herr dieser Welt erweist. Dies wird auch zur Basis, auf deren Grundlage die Evangelisten je auf ihre Weise das Leben Jesu nacherzählen. Während den synoptischen Evangelien wichtig ist, dass Jesus trotz seiner Göttlichkeit als Mensch gelitten und den Tod erlebt hat, hebt Johannes die enge Verbindung von Jesus zu Gott hervor (Joh 1, 1-4; 10, 30). Daraus entwickelt sich die Zwei-Naturen-Lehre, die Jesus Christus als „wahren Gott und wahren Menschen" erkennt (Credo). Darüber hinaus zeigt sich an Ostern, dass sich alles wandeln kann: Auf Hoffnungslosigkeit folgt Hoffnung, aus der Trauer wird Freude. Somit wurzelt die Begegnung mit dem auferstandenen Jesus im Glauben an Gott, der die Liebe ist, der das Leben schenkt und alles verändern kann.
Hinweis: Ausführliche Besprechung der elementaren Jesustexte in Michael Landgraf/ Paul Metzger: Bibel unterrichten. Stuttgart 2011, 75ff.

Didaktisch-methodische Überlegungen

Die Klärung der Frage „Wer ist Jesus für mich?" ist eine Basis der christlichen Religionspädagogik. In der Regel entwickelt sich ein Bewusstsein hierfür erst langsam, denn die Frage ist, wie die theologischen Ausführungen zeigten, komplex. Aus diesem Grund wird in allen Plänen für den Religionsunterricht immer wieder neu das Thema „Jesus" in unterschiedlichen Facetten behandelt. Dabei lässt sich von der frühen Primarstufe bis zum Ende der Sekundarstufe I folgende Tendenz für ein **Jesuscurriculum** erkennen:
In den ersten beiden Klassenstufen wird früh der Aspekt „Wie lebten die Menschen zur Zeit Jesu" behandelt. Damit wird der zeitgeschichtliche Rahmen als Ausgangsbasis für das Verständnis seines Wirkens vorangestellt. Erste Geschichten von Jesus sind Begegnungsgeschichten (Jüngerberufung, Jesus und die Kinder, Zachäus, Bartimäus) und einfache Gleichnisse wie das „verlorene Schaf". Zum Verständnis der Festkreise werden Oster- und Weihnachtsgeschichten eingeführt.
In der dritten und vierten Klassenstufe wird ausführlicher die Botschaft von Gottes neuer Welt (Gleichnisse und Wundergeschichten) behandelt, aber auch die Ethik Jesu (Sätze aus der Bergpredigt; Barmherziger Samariter). Vertieft werden die Weihnachtsgeschichten im Vergleich sowie die Passions- und Ostergeschichte.
In den ersten Klassenstufen der weiterführenden Schule werden diese Aspekte wiederholt und konkreter ausgeführt – besonders der sozialgeschichtliche Aspekt (Gruppen zu Jesu Zeit) und Jesu Hoffnung auf eine bessere Welt. Bis zum Ende der Klassenstufe 10 werden Vorstellungen und Bilder von Jesus in Geschichte und Gegenwart als unterschiedliche Deutungsmöglichkeiten reflektiert. Hierbei wird die Verbindung des „Jesus von Nazareth" zum „Christus des Glaubens" geklärt und die Bedeutung von Tod und Auferstehung Jesu für uns heute aufgearbeitet.

Als Ziel lässt sich für den Primarbereich zusammenfassen, Kindern mithilfe von elementaren Jesusgeschichten und Jesusworten eine erste Begegnung mit Jesu Leben und Wirken zu ermöglichen. Sie erfahren dabei, dass Jesus mit seiner Botschaft Gott nahesteht und Menschen zu ihm führen will. Damit Kinder diese Botschaft verstehen, lernen sie Lebensumstände der Menschen in der Zeit Jesu kennen. Schließlich gilt es, ein Verständnis für die zentrale Ostergeschichte zu entwickeln, durch die ein Leben in Hoffnung möglich wird.

Folgende **Aspekte und Teilkompetenzen** sollen dabei bedacht werden:

Aspekt/Teilthema	Kompetenzen Lernende können ...
Jesus begegnen	• Eindrücke und Vorerfahrungen zu Jesus sammeln sowie Bilder von Jesus vergleichen und ansatzweise deuten
Jesu Zeit und Umwelt	• mithilfe einer Zeitreise das eigene Leben von dem der Menschen in Israel vor 2000 Jahren unterscheiden • Details aus der Welt, in der Jesus lebte, darstellen und auf exemplarische Bibelgeschichten beziehen
Jesus begegnet Menschen	• Zielgruppen beschreiben, die Jesus wichtig sind • erzählen, wie sich Jesus Menschen am Rande der Gesellschaft zuwendet und ihr Leben verändert
Jesus spricht zu Menschen	• wichtige Aussagen wiedergeben, die Jesus zugeschrieben werden • zentrale Gleichnisse über Gottes neue Welt nacherzählen • Bilder deuten, die Jesus in seinen Gleichnissen verwendet, und erklären, warum Jesus in Gleichnissen redet
Jesus hilft Menschen	• zentrale Wunder Jesu wiedergeben und Gott als Ursache des Wunders benennen • deuten, dass Wundergeschichten ein damals bekanntes Stilmittel sind
Jesu Tod und Auferstehung	• Ostern als wichtigstes Fest der Christen benennen und die Passions- und Ostergeschichte nacherzählen • anderen erklären, dass die christliche Hoffnung auf ein Leben nach dem Tod in der Auferstehung Jesu begründet liegt
Jesus ist für Menschen Gottes Sohn	• erläutern, dass Geschichten wie die Weihnachts- und Tauferzählung erzählt werden, um über Jesus etwas auszusagen • ein eigenes Bild zu Jesus entwickeln

Zu den Unterrichtsbausteinen

Ausgehend von Aspekten und Teilkompetenzen werden im Band „Jesus begegnen" differenzierte Bausteine angeboten.

In einem ersten Schritt müssen **Vorerfahrungen der Kinder** erfragt und aufgearbeitet werden. Ein Weg dazu kann die Arbeit mit Jesus-Bildern sein, bei der eigene Kinderbibeln und Bilder aus dem Umfeld der Kinder in Form einer Ausstellung zusammengetragen werden (S. 14).
„Was man von Jesus weiß" sind Basisinformationen, bei denen man Vorwissen bündeln kann (S. 16). Das Lied „Sag, wer ist dieser Jesus?" stellt die unterschiedlichen Facetten des Wirkens dar und kann unterrichtsbegleitend eingesetzt werden (S. 15).

Der **Aspekt „Umwelt Jesu"** klärt Rahmenbedingungen von Jesu Wirken. Dabei muss man zunächst das Besondere dieser Zeit für Kinder aufarbeiten. Ein erster Schritt ist der Baustein „Leben damals" (S. 17) oder eine Fantasiereise (S. 18). Aufwändiger, aber ganzheitlich ausgerichtet, ist die Spielmeditation „Ein Tag in Jesu Zeit" (S. 19f.), die gut vorbereitet werden muss. Zur Vertiefung dient das Lied „Jesus lebt in Palästina" (S. 21), das zum Einstieg oder Ausklang gesungen werden kann.
Eine Orientierung zu den Orten, Landschaften und Gewässern bietet die Landkarte (S. 22). Das Wimmelbild (S. 23f.) bietet dann einen Überblick über die Bausteine, die sich mit der Lebenswelt der Menschen damals befassen. Schwerpunkte sind das Leben von Kindern, das Leben im Haus, unterschiedliche Arbeitsfelder (Handwerk, Landwirtschaft usw. ..., S. 25-31) sowie die Religion Jesu (S. 32). Da Brot für die Menschen der Bibel und für uns heute ein zentrales Symbol ist, wird der Prozess vom Korn zum Brot besonders beleuchtet (S. 29f.). Zur Wiederholung oder als spielerische Ergänzung können Memory-Karten zu den Arbeitsfeldern und Gegenständen eingesetzt werden (S. 35f.).
Schlüssel für eine Jesus-Begegnung in der Primarstufe sind **elementare Bibeltexte**.

Den meisten Plänen liegt eine Auswahl an Geschichten zugrunde, die Basis für diesen Band ist. Diese Auswahl vermittelt Kindern einen Einblick in die unterschiedlichen Aspekte der Gestalt Jesu.

Jesus begegnet Menschen

Jesus wendet sich in seinem Wirken Menschen zu. Er lehrt seine Jünger und Interessierte, er wertet die auf, die am Rande der Gesellschaft stehen und setzt sich mit Schriftgelehrten und Pharisäern auseinander (S. 46). Diese dürfen keineswegs als Feinde Jesu missverstanden werden. Zentrale Texte hierfür sind „Jesus findet Freunde“ (Mk 1, 16-20, S. 47), „Jesus und die Kinder“ (Mk 10, 13-16, S. 48), „Jesus und der Ruhetag“ (Mk 2, 23-36, S. 49) und „Der Zöllner Zachäus“ (Lk 19, 1-10, S. 50). Weitere Begegnungen mit Jesus sind mit Worten und Taten verbunden, durch die die Menschen Gottes neue Welt spüren dürfen.

Jesus spricht zu Menschen

In manchen Begegnungen bringt Jesus Menschen durch seine Reden Gottes neue Welt nahe – beispielsweise in der Bergpredigt oder in Gleichnissen (S. 51). Zentrale Passagen der Bergpredigt sind die „Seligpreisungen“ (Mt 5, 1-10, S. 52), das Vaterunser (Mt 6, 9-13, S. 53), Worte vom Vergelten, der Feindesliebe, vom Richten und Bitten sowie die „Goldene Regel“ (in Auswahl Mt 5-7, S. 52). Während das Vaterunser früh gelernt wird, muss über die ethischen Worte der Bergpredigt immer wieder neu nachgedacht werden.

Auch Gleichnisse bedürfen eines längeren Lernprozesses, wobei gegenwärtig darüber diskutiert wird, ab wann Gleichnisse eingesetzt werden. Anton Bucher betont, dass Kinder erst ab etwa zwölf Jahren Gleichnisse verstehen können, Hubertus Halbfass setzt das Verständnis anders an. Bildworte vom Licht oder Salz (Mt 5, S. 51) können bereits früher eingesetzt werden. Klassiker des Primarunterrichts sind der „Barmherzige Samariter“ (Lk 10, 25-37, S. 54), die Gleichnisse vom „Verlorenen“ (Lk 15, S. 56f.), der „Sämann“ und das „Senfkorn“ (Mk 4, S. 55f). Zur Vertiefung der Frage nach der Gerechtigkeit Gottes bieten sich die „Arbeiter im Weinberg“ (Mt 20, S. 58) an.

Jesus hilft Menschen

Wundergeschichten führen Menschen zeichenhaft vor Augen, was sie in Gottes neuer Welt erwartet (S. 59). Elementare Texte sind „Der Aussätzige“ (Mk 1, 40ff., S. 60), „Der Gelähmte“ (Mk 2, 1ff., S. 61), „Jesus stillt den Sturm“ (Mk 4, 35ff., S. 62), „Alle werden satt“ (Mk 6, 30ff., S. 63) und „Der blinde Bartimäus“ (Mk 10, 46ff., S. 64). Durch sie wird deutlich: Jesus führt Menschen in die Gemeinschaft zurück, gibt ihnen das, was sie zum Leben brauchen und nimmt ihnen ihre Angst. Durch Jesu Taten lässt Gott die Menschen heute schon an seinem Reich teilhaben.

Gott lässt Jesus auferstehen

Die Passions- und Ostergeschichte ist der Ausgangspunkt aller Erzählungen. Sie zeigt die Überwindung des Todes durch Gott. Dadurch wird für Christen offenbar, in welcher Verbindung Jesus zu Gott steht. Jesu Weg führt ihn vom Einzug in Jerusalem (Mk 11, 1-11, S. 66) über die Tempelreinigung (Mk 11, 15ff.; S. 66), das Abendmahl (S. 67), die Fußwaschung (Joh 13, S. 67), Gethsemane (Mk 14, S. 68), die Verurteilung (S. 68), dem Weg zum Kreuz und Kreuzigung (Mk 15, S. 69f.) zur Auferstehung (Mk 16, S. 71) und den Begegnungen mit seinen Jüngern (Lk 24, 13ff., S. 72). Dabei kann ansatzweise geklärt werden, wie man sich Auferstehung vorstellen kann (S. 73).

Jesus ist Gottes Sohn

Die Weihnachtserzählungen (Mt 1-2, S. 43; Lk 1-2, S. 41f.) und die Taufgeschichte (Mk 1, 3-13, S. 45) nehmen eine Sonderstellung ein. Ihnen geht es um das Bekenntnis: Jesus ist Gottes Sohn, der Retter der Welt. Sie liegen auf der Ebene der Deutung von Ostern und spiegeln die Hoffnung der Menschen, die Jesus als Messias, den Christus wahrnehmen. Hier stellt sich die Frage, ob sie biografisch oder besser als ein Zeugnis der ersten Christen (christologisch) Kindern vermittelt werden. Aber dies gilt im Grunde für fast alle Jesusgeschichten.

Damit Kindern die Erzählgrundlage der Jesusgeschichten deutlich wird, erläutert „Wer von Jesus erzählt“ (S. 37) grob die Erzählbasis – die Paulusbriefe und die Evangelien.

Leider geht die Vielzahl von Jesusgeschichten, die in der Primarzeit behandelt werden, oft verloren. Damit Kinder die Geschichten im Überblick reflektieren können, ist es sinnvoll, die Arbeitsblätter nicht ins Reli-Heft einzukleben, sondern an einem eigenen Jesus-Buch zu arbeiten (mögliches Deckblatt S. 39). Die Bausteine können in einem Heftordner gesammelt und am Ende gebunden werden. Alternativ bietet sich die Arbeit mit der „Kinderbibel zum Selbstgestalten“ an (ISBN 978-3-7668-3954-1), durch die Kinder am Ende der Grundschulzeit eine komplette, selbst gemachte Kinderbibel in Händen halten. Im Blick auf ein „Bild“ von Jesus bietet diese nur ein Gesicht, das offenlässt, wie er aussieht. Kinder haben daraus, je nach Kontext, die Figur Jesu unterschiedlich umgesetzt.

Beispiele von Jesusdarstellungen aus Deutschland (Junge, Mädchen), Bolivien und Ghana auf Grundlage der „Kinderbibel zum Selbstgestalten“.

Als Impuls für eine kreative Arbeit mit Bibelgeschichten dient das Überblicksblatt „Ideen zur Arbeit mit Jesus-Geschichten“. Diese methodischen Anregungen finden sich für die Hand der Lehrenden ausführlich im Praxishandbuch „Bibel kreativ erkunden“ (Stuttgart 2010). Das Impulsblatt ist für Schüler/-innen gedacht – als Grundlage und Impuls für weitere Ideen, Bibelgeschichten kreativ umzusetzen.

Am Ende der Primarzeit sollte eine Reflexionsphase erfolgen, in der man Begriffe wiederholt (S. 76) und die kennengelernten Jesusgeschichten bespricht („Wie war das noch?“, S. 77f.). Schließlich sollte man versuchen, mit den Kindern ein eigenes Bild von Jesus zu entwickeln. Dabei können auch Meinungen in der Lerngruppe (anonym) gesammelt und reflektiert werden (Beispiele einer vierten Klasse S. 79). Dadurch können Lernende in der Lage sein, selbst eine Antwort auf die Frage zu geben: „Wer ist Jesus für mich?“

Literatur zu „Jesus begegnen“

- Berg, Horst Klaus: Mit Jesus beginnt etwas Neues. Stuttgart 1995.
- Berg, Horst Klaus: Freiarbeit – So lebten die Menschen zur Zeit Jesu. Stuttgart 1996.
- Bühlmann, Walter u.a.: Nazareth/Jerusalem/Kafarnaum/Bethlehem vor 2000 Jahren. Luzern 2001 (jeweils ein Bildband).
- Bühlmann, Walter: Wie Jesus lebte. Luzern 2001.
- Ego, Beate/Zwickel, Wolfgang u.a.: Calwer Bibelatlas. Stuttgart 2005.
- entwurf 3/2010. Jesus Christus, Seelze 2010.
- Grundschule religion: 4/2010, Lukas erzählt von Jesus Christus (mit Bildkartei und Poster).
- Landgraf, Michael/Metzger, Paul: Bibel unterrichten. Basiswissen – Bibeldidaktische Grundfragen – Elementare Bibeltexte. Stuttgart 2011.
- Landgraf, Michael: Bibel kreativ erkunden. Lernwege für die Praxis. Stuttgart 2010.
- Landgraf, Michael: Die Bibel elementar. Stuttgart 2010.
- Lachmann, Rainer/Adam, Gottfried/Reents, Christine: Elementare Bibeltexte. Exegetisch – systematisch – didaktisch. Göttingen 2001.
- Stuttgarter Multimedia Bibel. Stuttgart 2004.
- Tilly, Michael: So lebten Jesu Zeitgenossen. Stuttgart 2008.
- Steinkühler, Martina: Bibelgeschichten sind Lebensgeschichten. Göttingen 2011.
- Steinwede, Dietrich: Das Buch von Jesus in seiner Zeit. Düsseldorf 2007.
- Steinwede, Dietrich: Wie Jesus lebte – Kindern erklärt. Gütersloh 2005.
- Zwickel, Wolfgang: Die Welt des Alten und Neuen Testaments. Stuttgart 1997.

Kinderbibeln für die Primarstufe
- Haug, Hellmut/Kees de Kort: Das große Bibel-Bilderbuch. Stuttgart 2005.
- Herrlinger, Christiane: Unter Gottes weitem Himmel. Stuttgart 2003.
- Landgraf Michael: Kinderlesebibel. Göttingen 2011; dazu auch: Werkbuch Kinderlesebibel. Einführung, Rahmenerzählungen, Materialien. Göttingen 2011.
- Laubi, Werner: Die Kinderbibel. Lahr 1992.
- Weth, Irmgart: Neukirchner Kinderbibel. Neukirchen 2003.

Gestaltung einer eigenen Kinderbibel
- Landgraf, Michael: Kinderbibel zum Selbstgestalten. Stuttgart 2011 (3. Aufl.).

Hinweis: Kennst du ... Jesus Christus? Ein Bilderbuch zum Selbstgestalten. Von Michael Landgraf. Stuttgart/Speyer 2015.
Das 32 Seiten umfassende Buch ist für die Kinderhand gedacht und gibt es zum Staffelpreis über den Calwer Verlag.

Überblick über die Bausteine „Jesus begegnen“

Zugänge

Titel	Lernende können ...	Schwierigkeitsgrad	Seite
Wer ist dieser Jesus?	über den offenen Zugang reflektieren, was sie bereits von Jesus wissen	☺	13
Jesusbilder	Jesusbilder unterschiedlicher Epochen vergleichen und die Wirkung von solchen Bildern reflektieren	☺☺	14
Lied: Sag, wer ist dieser Jesus? **Jesus – sein Leben**	mithilfe der Bausteine und/oder anhand des Liedes Bekanntes aus Jesu Leben und Wirken entdecken und in groben Zügen wiedergeben	☺☺ ☺	15f.

Zeit und Umwelt Jesu

Titel	Lernende können ...	Schwierigkeitsgrad	Seite
Leben damals	ihr Leben heute mit dem vor 2000 Jahren vergleichen und Unterschiede benennen	☺	17
Wie Jesus lebte: Vorbereitung	anhand der spielerischen Umsetzung ansatzweise beschreiben, wie der Tagesablauf eines Kindes zu Jesu Zeit aussah	☺	18
Ein Tag in Jesu Zeit	Hebräische Buchstaben lernen (Vorlage in „ReliBausteine Bibel“ S. 123)	☺	19
Jesus lebt in Palästina **Israel in der Zeit Jesu** **Wimmelbild: Entdeckungen im alten Israel**	mithilfe des Liedes und des Wimmelbildes in groben Zügen das Leben in biblischer Zeit darstellen auf der Karte relevante Orte, Regionen und Gewässer zeigen und Geschichten den Orten zuordnen	☺ ☺☺ ☺☺	21 22 23f.
Leben von Kindern	die Lebensumstände von Kindern zu Jesu Zeit beschreiben und mit denen von heute vergleichen	☺☺	25
Wohnen und Hausarbeit **Handwerk** **Arbeit auf dem Land** **Vom Korn zum Brot** **Fischer – Soldat – Zöllner**	Details aus dem Leben der Menschen und deren Tätigkeiten darstellen Unterschiede zur Hausarbeit heute benennen den Weg vom Korn zum Brot mithilfe der Karten aufzeigen Bezüge zwischen dem Leben der Menschen und den Gleichnissen herstellen	☺☺ ☺ ☺ ☺ ☺☺	26 27 28 29f. 31
Judentum – die Religion Jesu	die Religion Jesu in Grundzügen beschreiben und Bezüge zu Jesusgeschichten (z.B. Jesus als Kind, S. 44, und zur Tempelreinigung, S. 66) herstellen	☺☺☺	32
Essen in biblischer Zeit; Projekte Licht, Notizbuch, Musik wie bei Jesus	Projekte durchführen (Essen zubereiten; eine Öllampe bzw. eine Wachstafel herstellen; Musik machen) und dadurch auf der Erlebnisebene die Lebensumstände der Menschen damals reflektieren	☺☺ ☺☺ ☺☺	33 34
Lern- und Memory-Karten Arbeit und Gegenstände	mithilfe von Bildern Berufe und Gegenstände von damals Begriffen zuordnen und beschreiben, was es jeweils damit auf sich hat	☺	35f.

Jesu Worte und Taten

Titel	Lernende können ...	Schwierigkeitsgrad	Seite
Wer von Jesus erzählt	wiedergeben, wer im Neuen Testament Jesusgeschichten überlieferte und die Symbole der Evangelisten deuten	☺☺	37
Ideen zur Arbeit mit Jesus-Geschichten **Mein Jesusbuch**	mithilfe der Ideensammlung Wege zur kreativen Arbeit mit Jesusgeschichten selbst entwickeln ein eigenes Jesusbuch gestalten	☺☺ ☺	38f.
Warten auf den Retter	erläutern, was die ersten Geschichten von Jesus über sein Verhältnis zu Gott aussagen	☺☺☺	40
Ein Engel kommt	die ersten Jesusgeschichten bei Lukas und Matthäus in Beziehung zu der Hoffnung der Menschen damals setzen	☺☺	41
Jesus wird geboren – Lukas erzählt/Matthäus erzählt **Jesus als Kind im Tempel** **Jesus wird getauft**	Besonderheiten der Weihnachtsgeschichten nach Lukas und Matthäus benennen die Taufgeschichte Jesu beschreiben und zur eigenen Taufe recherchieren	☺ ☺ ☺ ☺	42 43 44 45

Wenn Jesus Menschen begegnet **Jesus findet Freunde** **Jesus und die Kinder** **Jesus und der Ruhetag** **Der Zöllner Zachäus**	mithilfe des Überblicks und anhand von Einzelgeschichten erläutern, wie Jesus Menschen begegnete und welche ihm besonders wichtig waren ansatzweise deuten, was man biblisch unter Segen versteht aufzeigen, wie Jesus das Sabbatgebot auslegt erzählen, wie Jesus Gottes Vergebungsbereitschaft zuspricht	☺☺☺ ☺ ☺ ☺☺ ☺	46 47 48 49 50
Jesus spricht von Gottes neuer Welt	darstellen, dass Jesu Botschaft sich auf Gottes Reich bezieht und er Hoffnung auf eine bessere Welt macht den Sinn von Gleichnissen und deren Hintergrund ansatzweise darstellen	☺☺☺	51

Bergpredigt	die Seligpreisungen der Rede vom Reich Gottes zuordnen Menschen benennen, denen die besondere Zuwendung Jesu gilt Beispielgeschichten zu ethischen Worten der Bergpredigt kreativ entwickeln	☺☺☺	52
Das Gebet Jesu	das Vaterunser auswendig wiedergeben und zu den einzelnen Abschnitten kreative Ideen entwickeln	☺	53
Der barmherzige Samariter **Der Sämann** **Das Senfkorn** **Das verlorene Schaf** **Der gütige Vater** **Die Arbeiter im Weinberg**	ausgewählte Gleichnisse vor dem Hintergrund der Rede vom Reich Gottes und der darin verkündeten Hoffnung nacherzählen Bezüge zwischen den Gleichnissen und der Umwelt Jesu herstellen (Samaria: Karte, S. 22; Arbeit auf dem Land, S. 28ff.) ansatzweise die Tiefendimension der Gleichnisse erfassen deuten, dass es bei Gleichnissen um Gottes Gerechtigkeit als Beziehung Gottes zu den Menschen unter dem Vorzeichen der Barmherzigkeit geht	☺☺ ☺☺ ☺ ☺☺ ☺☺☺ ☺☺	54 55 55 56 57 58
Jesus tut wundersame Dinge **Der Aussätzige** **Der Gelähmte** **Jesus im Sturm** **Alle werden satt** **Der blinde Bartimäus**	erläutern, warum von Jesus Wundergeschichten erzählt wurden die Tiefendimension der jeweiligen Not (ausgestoßen sein; Lähmung; im Sturm sein, Hunger leiden; blind sein) ansatzweise erfassen deuten, dass Gott durch Jesus wirkt ausgewählte Wundergeschichten Jesu nacherzählen und jeweils aufzeigen, wie sich die Lebenssituation für die betroffenen Menschen ändert	☺☺☺ ☺☺ ☺☺☺ ☺☺ ☺☺ ☺☺	59 60 61 62 63 64
Von Palmsonntag bis Christi Himmelfahrt **Jesus kommt nach Jerusalem** **Abendmahl und Fußwaschung** **Im Garten Gethsemane** **Der Weg zum Kreuz** **Jesus am Kreuz** **Jesus ist auferstanden** **Jesus kommt wieder zu den Jüngern**	die Ostergeschichte in ihrem Zusammenhang nacherzählen und als ein Erleben des Auf und Ab beschreiben die Kirchenfeste den Ereignissen von Ostern zuordnen die unterschiedlichen Reaktionen der Menschen beim Einzug und nach der Tempelreinigung deuten die Fußwaschung als ein Symbol für den gegenseitigen Dienst benennen durch Gethsemane, das Leiden und den Tod am Kreuz aufzeigen, dass Jesus ein wirklicher Mensch war erklären, dass Christen in der Auferstehung Jesu Hoffnung schöpfen, dass Gott den Tod überwinden kann	☺☺ ☺☺ ☺☺ ☺☺ ☺☺ ☺☺ ☺☺ ☺☺	65 66 67 68 69 70 71 72
Auferstanden – Was heißt das?	mithilfe des Textes anderen grob erklären, wie Auferstehung verstanden werden kann	☺☺	73
Jesus ist nicht mehr da **Nach Jesus geht es weiter**	den Hintergrund von Christi Himmelfahrt und Pfingsten erklären erzählen, wie es mit der Botschaft Jesu weitergeht	☺☺☺ ☺☺☺	74 75

Jesus-Suchrätsel	zentrale Begriffe der Jesusgeschichte benennen	☺☺	76
Jesus-Geschichten – Wie war das noch?	Bilder und Überschriften zuordnen, die Geschichten kurz nacherzählen und das Wichtigste daraus auf den Punkt bringen	☺☺	77f.
Wer ist Jesus für mich?	anhand von Aussagen Gleichaltriger eine eigene Position dazu finden, wer Jesus „in meinen Augen“ ist	☺☺	79

Wer ist dieser Jesus?

Jesus ist ein bekannter Mann.
Er lebte vor 2000 Jahren.
Keiner weiß heute, wie er aussah.
Und doch kennt man ihn, überall auf der Welt.
Selbst Menschen, die keine Christen sind,
haben eine Meinung über ihn.

☞ Was hast du bereits über ihn gehört?

☞ Wo sind dir Geschichten oder Bilder von ihm begegnet?

☞ Welche Geschichten von Jesus sind dir bekannt?

☞ Kannst du mit folgenden Bildern eine Geschichte verbinden, die von Jesus handelt?

☞ Was denken andere Leute über Jesus?
Frage vielleicht bei deinen Eltern, Verwandten, Freunden nach.
Haben sie eine Lieblingsgeschichte von Jesus?

Jesusbilder

Über kaum einen Menschen gibt es so viele Bilder wie über Jesus.

☞ Schau dir die Bilder aus vier Kinderbibeln an.

Oben: „Kinderlesebibel" (2011) und „Kommt und seht" (1957)
Unten: „Unter Gottes freiem Himmel" (2003) und „Hundert Bilder Bibel" (1900)

☞ Beschreibe die Bilder und vergleiche sie.

☞ Suche selbst nach Bildern von Jesus, zum Beispiel in Kinderbibeln.
Ihr könnt miteinander eine Jesus-Bilderausstellung machen.

Lied: Sag, wer ist dieser Jesus?

Über Jesus gibt es viele Lieder. Aus Amerika stammt das Weihnachtslied *„Go, tell it on the mountain“*. *„Komm, sag es allen weiter“* verwendet dieselbe Melodie und handelt vom Abendmahl. *„Sag, wer ist dieser Jesus“* ist ein neues Lied, das auch mit dieser Melodie gesungen wird. Wenn du mehr über Jesus weißt, kannst du weitere Verse dichten.

Der Kehrvers wird nach jeder Strophe wiederholt.

2. Wir haben sein Versprechen: / Er nimmt sich für uns Zeit, / wird selbst das Brot uns brechen, / kommt, alles ist bereit.

3. Zu jedem will er kommen, / der Herr in Brot und Wein. / Und wer ihn aufgenommen, / wird selber Bote sein.

T: FRIEDRICH WALZ 1964
M: NACH DEM SPIRITUAL
»GO, TELL IT ON THE MOUNTAINS«

Go, tell it on the mountain,
over the hills and everywhere.
Go, tell it on the mountain,
that Jesus Christ is born.

While shepherds kept their watching
over silent flocks by night,
behold, throughout the heavens
there shone a holy light
Refrain

The shepherds feared and trembled,
when lo! above the earth,
rang out the angels chorus
that hailed our Savior's birth.
Refrain

Down in a lowly manger
the humble Christ was born
and God sent us salvation
that blessed Christmas morn.
Refrain

Melodie: Komm, sag es allen weiter
Text: Michael Landgraf

Refrain:
Sag, wer ist dieser Jesus?
Fragten die Leute in Israel.
Sag, wer ist dieser Jesus?
Das fragen wir uns heut.

Mit Jesus gingen Freunde,
die Jünger man genannt.
Ihm folgten viele Leute,
so war er bald bekannt.

Man wollte von ihm hören,
was er von Gott erzählt.
Nichts sollte man entbehren,
in Gottes neuer Welt.

Jesus konnte heilen,
im Namen von Gott.
Ängste überwinden,
vorbei ist alle Not.

Manche sehn ihn heute,
als ein Vorbild an,
der da ist für die Leute
und hilft, wo er kann.

Andere wieder glauben,
er ist der Sohn von Gott.
Er schenkt uns das Leben,
drauf gibt er uns sein Wort.

Jesus – sein Leben

Nur weniges ist aus dem Leben Jesu bekannt.
Wir wissen, was die Freunde von Jesus von ihm weitererzählen.

Als Geburtsort wird Bethlehem genannt. Das liegt im Süden von Israel.	Jesus wächst in Nazareth auf. Das liegt im Norden von Israel in Galiläa.	Jesus heißt eigentlich Jeschua. Der Name bedeutet „Gott hilft".
Jesus gehört der jüdischen Religion an. Er kennt die heiligen Schriften.	Jesu Eltern heißen Maria und Josef. Josef war Handwerker.	Jesus hat Geschwister. Sein Bruder Jakobus führt später die ersten Christen.
Jesus ist etwa 30 Jahre alt. Er zieht umher und begegnet vielen Menschen.	Jesus hat viele Jünger (= Schüler). Sie nennen ihn Rabbi (= Lehrer).	Jesus erzählt den Menschen von Gottes neuer Welt – oft in Gleichnissen.
Jesus kümmert sich um Leute, die von anderen verachtet werden.	Jesus heilt Menschen und tut Dinge, über die die Leute sich wundern.	Am Ende seines Lebens zieht Jesus nach Jerusalem zum Passahfest.
Pontius Pilatus ist der Oberste der Römer in Israel. Er verurteilt Jesus zum Tod.	Jesus stirbt am Kreuz. Das ist die Strafe für einen Aufrührer.	Jesu Jünger bezeugen: Jesus ist auferstanden von den Toten.

☞ Schneide die Bausteine zum Leben Jesu aus.
Sortiere: Was ist für dich neu, was ist dir schon bekannt?
Erzähle anderen, was du schon weißt.

☞ Wenn du etwas weißt, was nicht hier steht, schreibe es in die leeren Kästen.

Leben damals

Stellt euch einmal vor, es gäbe ...

- ... keinen Strom aus der Steckdose
- .... keinen Fernseher oder Computer
- ... keinen Kühlschrank
- ... kein fließendes Wasser im Haus
- ... keine Autos, Flugzeuge und Eisenbahnen
- ... kein eigenes Zimmer
- ... keine Spielzeuge zum Kaufen

☞ Beschreibt: Wie sähe euer Leben aus?

☞ Du kannst folgende Sätze weiterschreiben:
Ein Leben ohne Wasser aus dem Wasserhahn …
Ein Leben ohne Strom …
Ein Leben ohne Kühlschrank …
Ein Leben ohne Fernseher …
Ein Leben ohne Computerspiele …
Ein Leben ohne Autos, Eisenbahnen, Flugzeuge …

☞ Was würde dir am meisten fehlen, was am wenigsten?

☞ Sucht nach Büchern, die das Leben von Kindern in früherer Zeit beschreiben. Ihr könnt eine Ausstellung zum Thema „Leben damals“ machen.

Wie Jesus lebte (Vorbereitung)

Eine Zeitreise in die Zeit Jesu

„Wir setzen uns ins Zeitreisemobil. Nun werfen wir den Motor an.“
(Kinder machen einen Motor nach.)

„Wir schließen die Augen und machen unsere Zeitreise.“
(Kinder machen ein summendes Geräusch.)

Der/die Lehrer/-in klatscht und sagt:
„Jetzt sind wir im alten Israel, in der Zeit Jesu angekommen.“

Wir steigen aus dem Zeitreisemobil aus. Wir spüren einen warmen Wind. Es riecht nach duftenden Kräutern.“
(Man kann ein Glas mit mediterranen Kräutern öffnen und es herumreichen.)

„Wir sehen Menschen. Sie haben weite Gewänder aus Wolle an und sitzen auf dem Boden. Sie erzählen sich eine Geschichte. Wir schlagen die Augen auf.“

Die Geschichte wird nacherzählt.

Tipp: Man kann mit einem Bildband oder mit Fotos eine kleine Ausstellung machen oder ein Bodenbild im Stuhlkreis legen, sodass sich die Kinder das Land Israel vorstellen können.

Gestalten eines Raumes: Leben zu Jesu Zeit

Das Nachspielen von biblischen Geschichten in Form von Rollenspielen usw. wird anschaulicher, wenn im Raum Gegenstände vorhanden sind, die an das Leben der Menschen zur Zeit Jesu erinnern.

Bilder/Früchte:	**Bilder von:**	**Essen:**	**Hauseinrichtung:**
• Feigenbaum – Feigen • Olivenbaum – Oliven • Palmen – Datteln • Pinien – Pinienkerne • Zypressen – Zapfen • Granatapfelbaum – Granatapfel • Mandelbaum – Mandeln	• Schaf • Ziege • Esel • Eidechse • Schlange • Kamel	• Ziegen- und Schafskäse • Fladenbrot • Oliven und Olivenöl • Feigen • Honig	• Kissen für das Sitzen auf dem Boden • Teller und Gefäße aus Holz oder Ton; Korb • Schlafmatte aus Schilf/Stroh • Decke aus Schafswolle • große flache Steine zum Körner mahlen.

Besondere Gegenstände aus der Zeit der Römer und der jüdischen Religion

Besondere Gegenstände aus der Zeit der Römer werden für den Schulgebrauch reproduziert und können als Klassensatz angeschafft werden: Wachstafeln, römische Becher und Münzen oder Öllampen (z.B. unter www.antike-zum-begreifen.de; www.der-römer-shop.de).
Auch gibt es Gegenstände der jüdischen Religion wie etwa eine Tora-Rolle oder einen Gebetsmantel, einen Chanukka-Leuchter oder besondere Nahrungsmittel aus Israel (z.B. bei www.doronia-shop.de).

Ein Tag in Jesu Zeit

Spielmeditation

Vorbereitung:	Fantasiereise und Gestalten eines Raumes möglich (siehe S. 18).
Durchführung:	Als szenisches Spiel in der Gruppe: Ein/e Sprecher/-in liest und die Kinder können die Aktionen durchführen.
Zeit:	Das komplette Spiel umfasst mindestens eine Unterrichtsstunde.

Sprecher/-in	Mögliche Aktion
Aufstehen Du liegst auf deiner **Schlafmatte** aus geflochtenem Schilf auf dem Boden. Nur eine leichte Decke aus Schafwolle ist über dir, denn nachts ist es warm. Du wachst auf und streckst dich. Du rollst deine Schlafmatte und Decke zusammen und legst sie in die Ecke des Raumes. Es ist bereits viel **Lärm** auf der Straße. Du hörst Rufe von Menschen, blökende Schafe, meckernde Ziegen und krähende Hähne. Du kannst den Lärm gut hören. Deine **Fenster** sind ohne Glas. Es gibt nur einfache Holzläden, die du öffnest. Du stehst und betest ein stilles **Morgengebet**: *„Herr, danke, dass du mir einen neuen Tag schenkst.“* Dann ziehst du dir einen Umhang aus Schafwolle an und bindest dir eine Schnur als Gürtel um.	• liegen, ausstrecken und aufstehen • rufen, blöken, meckern und krähen • Matte zusammenrollen, Decke zusammenlegen; • Fensterläden öffnen • das Gebet nachsprechen • Umhang anziehen und Schnur umbinden
Arbeit am Morgen Jeder in deiner Familie hat etwas zu tun. Die Schwestern fegen Sand aus dem Haus mit einem Besen aus gebundenem Reisig. Mutter kocht Brei zum Frühstück und dein Vater knetet Teig. Du sollst **Wasser holen**. Mit dem Tonkrug läufst du zum Brunnen. Du schöpfst Wasser und läufst mit dem Krug zurück. Der Tonkrug ist schwer, doch du kannst ihn auf dem Kopf tragen. Es gibt kein Badezimmer. Daher wäscht man sich am Brunnen oder in einer Schüssel. Dann gibt es **Frühstück**. Wasser wird aus Tonbechern getrunken. Auf dem Tisch steht Fladenbrot, Gerstenbrei, Olivenöl, Gewürze und ein wenig Käse. Das darfst du nun essen.	• einen Reisigbesen herstellen/binden; fegen • Brotteig kneten • etwas auf dem Kopf balancieren • sich in einer Schüssel waschen • Frühstück
Schule Heute gehst du zur **Synagoge** – Gotteshaus und Schule der Juden. Am Sabbat finden hier Gottesdienste statt. Dein Lehrer wird „Rabbi“ genannt. Du sagst mit den anderen „Guten Morgen, Rabbi“. „Guten Morgen, Kinder“, antwortet er. Jeden Tag lernt ihr Lesen und Schreiben in eurer Sprache Aramäisch. Schreiben übt ihr auf einer Wachstafel. Ihr lernt auch die alte Sprache Hebräisch. Die Heilige Schrift, die Tora, ist in dieser Sprache geschrieben. Im Gottesdienst muss jeder Junge aus der Tora vorlesen können.	• „Guten Morgen Rabbi“ sagen • (auf Wachstafel) schreiben • Hebräische Buchstaben lernen.

Mittagessen Du machst Feuer in der Feuerstelle. Dazu braucht man dünne Holzspäne und altes trockenes Holz. Aus Mehl, Wasser und Sauerteig wird ein Teig gerührt. Der wird zu flachen Fladen geformt. Ihr dürft den Teig kneten und formen. Zum Essen gibt es die frischen Brotfladen, Olivenöl, Gemüse und Schafskäse. Nur an besonderen Tagen gibt es Fisch oder sogar Fleisch. Ihr esst ohne Messer und Gabel und tunkt Brot in das Olivenöl.	• Holz sammeln • Teig kneten und zu Fladen formen • Essen/Fladen eintunken
Arbeit am Tag Alle Kinder müssen arbeiten. Vor dem Dorf hat die Familie ein kleines Stück Land. Die Schwestern entfernen **Unkraut** vom Acker. Zwei Brüder führen die Ziegen der Familie aus dem Dorf. Sie sollen für sie **Futter suchen**. Der Vater soll im Dorf einen Schuppen bauen. Die Jungs sollen **Holz sägen und Lehmziegel machen**. Lehm und getrocknetes Stroh wird in eine Holzform gefüllt. Die Form wird ausgelehrt und die Ziegel trocknen in der Sonne.	• Unkraut jäten • Ziegen führen • Kneten von Lehm
Spielen Nach der Arbeit darfst du eine kurze Zeit spielen gehen. Auf der Straße spielst du mit deinen Freunden Murmeln. Deine Murmeln sind kleine Tonkugeln, die du selbst gemacht hast.	☞ Murmeln spielen ☞ Murmeln herstellen
Abendessen Zum Abendessen hat deine Mutter wieder Fladenbrot gebacken. Es gibt Ziegen- und Schafskäse, Weintrauben, Oliven und Feigen. Gemeinsam sprecht ihr einen Vers aus den Psalmen: *„Danket dem Herrn, denn er ist freundlich.* *Seine Güte währet ewiglich."* Dann esst ihr gemeinsam.	☞ den Psalm sprechen oder singen ☞ gemeinsam essen
Abendunterhaltung Die Sonne ist untergegangen und du gehst nach Hause. Es gibt keinen Fernseher, kein Radio, keine Bücher und keine Zeitung. So erzählt man sich, was man am Tag alles so erlebt hat. Man erzählt sich aber auch Geschichten, zum Beispiel von Abraham, Mose und einem Mann namens Jesus. Welche Geschichte kannst du von diesen Menschen erzählen?	• eine Geschichte erzählen
Schlafen gehen Zum Schlafen rollst du deine Matte und deine Decke aus. Du schließt den Klappladen und legst dich hin. Durch einen Spalt im Holzladen siehst du Sterne. So schläfst du ein.	• Schlafmatte und Decke ausrollen • sich hinlegen

Jesus lebt in Palästina

Melodie: „Er hält die ganze Welt in seiner Hand“
Text: Michael Landgraf

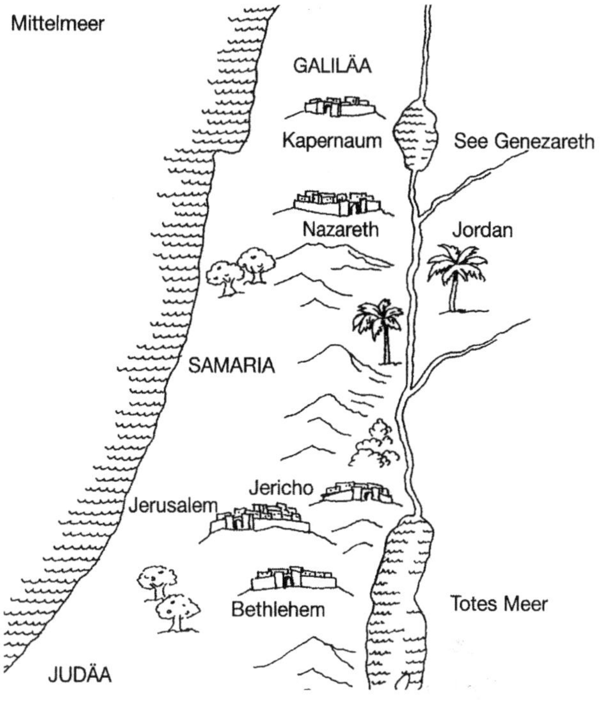

Jesus lebt in Palästina, so heißt sein Land,
und er wohnt in Galiläa, so heißt sein Land.
Man nennt es Israel, so heißt sein Land.
Viele Namen hat sein Land.

Es gibt Felsen und Sand, in seinem Land,
und Wälder sind bekannt, in seinem Land.
Es gibt Wüste und Strand, in seinem Land.
So sieht es aus in seinem Land.

Das Tote Meer ist, in seinem Land.
Der Fluss Jordan fließt, in seinem Land.
Der See Genezareth liegt, in dem Land.
Das sind Gewässer in seinem Land.

Es gibt Oliven und Feigen, in seinem Land,
und Zypressen und Palmen, in seinem Land.
Da gibt es Beeren und Datteln, in seinem Land.
So viele Pflanzen in seinem Land.

Da sind Schlangen und Kamele, in seinem Land,
und es gibt Ziegen und Schafe, in seinem Land.
Da gibt es Esel und Pferde, in seinem Land.
So viele Tiere in seinem Land.

Da gibt es Häuser aus Lehm, in seinem Land.
Die Betten sind nicht bequem, in seinem Land.
Die Lampe brennt mit Öl, in seinem Land.
ja so wohnt man in seinem Land.

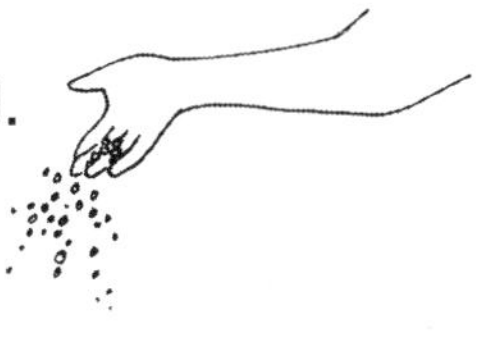

Da muss man säen und ernten, in seinem Land,
und man muss worfeln und dreschen, in seinem Land.
Da muss man mahlen und backen, in seinem Land.
So macht man Brot in seinem Land.

Da gibt es Fischer und Bauern, in seinem Land,
und es gibt Zöllner und Priester, in seinem Land.
Da gibt es Töpfer und Soldaten, in seinem Land.
Das sind Berufe in seinem Land.

Da holt man Wasser in Krügen, in seinem Land.
Alle helfen bei der Arbeit, in seinem Land.
Man hat kaum Zeit zum Spielen, in seinem Land.
So leben Kinder in seinem Land.

Jesus lebt in Palästina, so heißt sein Land,
und er wohnt in Galiläa, so heißt sein Land.
Man nennt es Israel, so heißt sein Land.
Viele Namen hat sein Land.

Israel in der Zeit Jesu

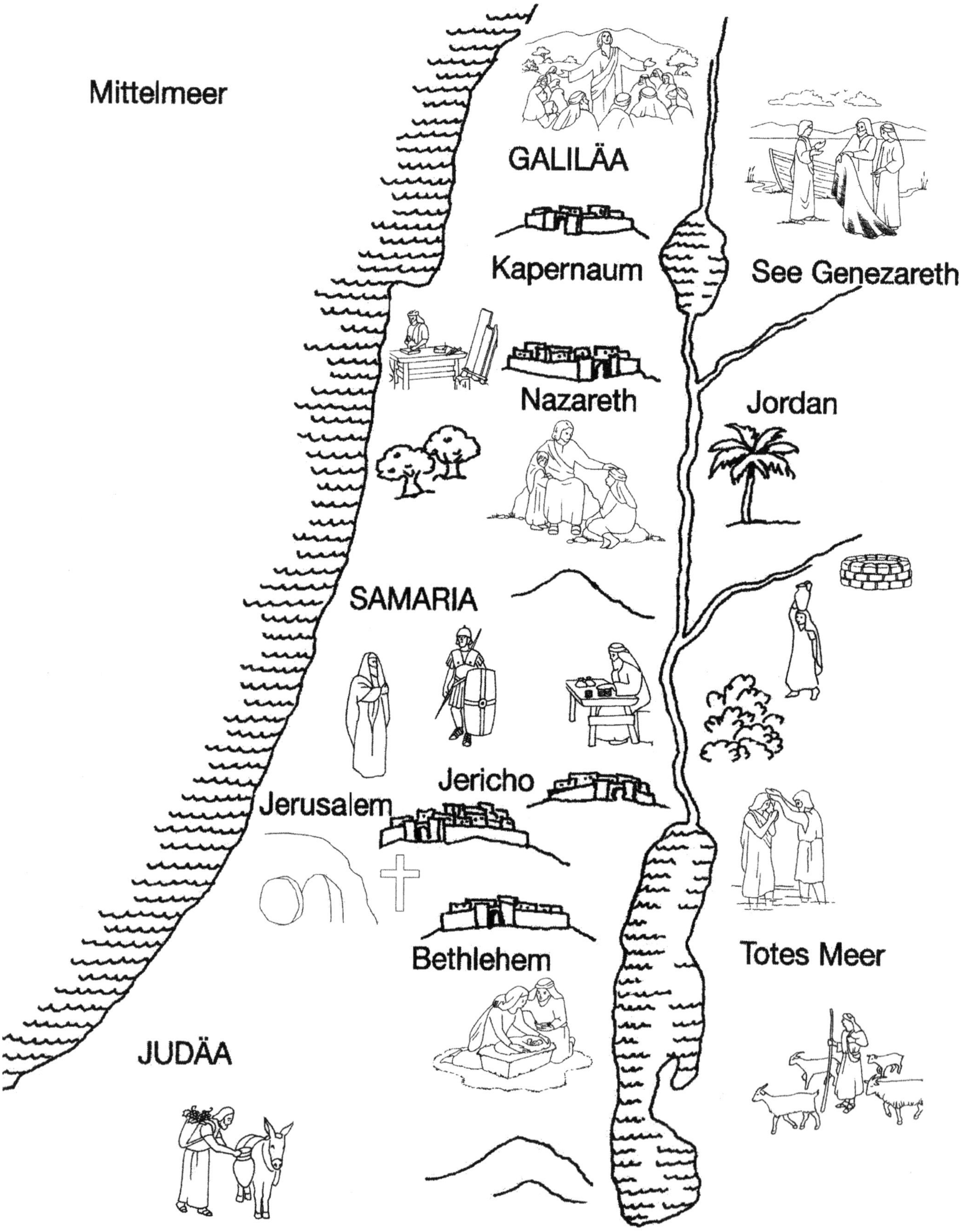

Entdeckungen im alten Israel

Jesus lebte vor 2000 Jahren in Israel.
Er wuchs im Dorf Nazareth auf.
Das liegt im Norden Israels, in Galiläa.
Auch lebte er in Kapernaum am See Genezareth.

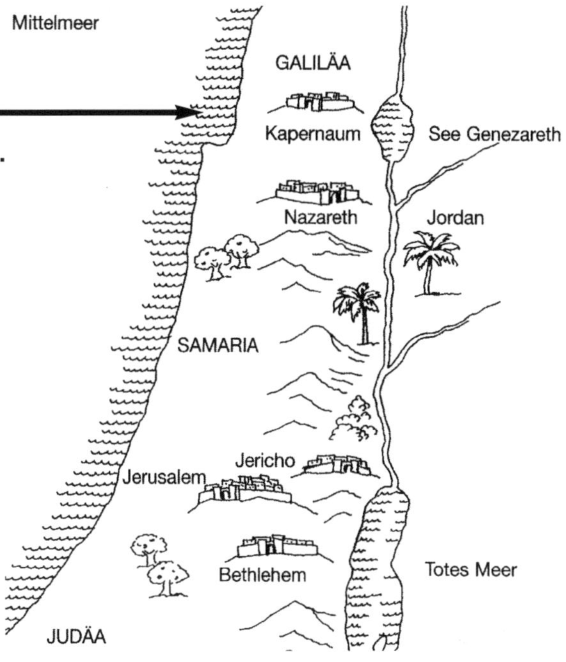

Das Wimmelbild zeigt ein Dorf von damals.
Mit der Familie lebte man eng zusammen.
Man schlief auf Schlafmatten, die man am Tag zusammenrollte. Im Raum wurde Essen aufbewahrt und gekocht.
Meist hielt man sich draußen auf.
Es gab Händler, Töpfer und Handwerker.
Jesus war Sohn eines Handwerkers.
Kinder hatten kaum Zeit zum Spielen.
Sie mussten Wasser holen und im Haushalt, auf dem Feld oder in der Werkstatt mitarbeiten.

☞ Suche auf dem Wimmelbild nach:

- O Brotteig kneten
- O Wasser holen
- O Murmel spielen
- O Weben
- O Kochen
- O Weinhändler
- O Zöllner
- O Handmühle
- O Öllampe
- O Schlafmatte
- O Handwerker
- O Töpfer
- O Hirte
- O Fischer
- O Soldat
- O Schlafen auf dem Dach
- O Rabbi (jüdischer Lehrer)
- O Gemüsebauer
- O Dachwalze (zum Reparieren des Daches nach Regen)

☞ Was ist ähnlich, was ist anders als in einem Ort von heute?

Leben von Kindern

Kinder in Israel vor 2000 Jahren
lebten anders als Kinder heute.

Kleider von Kindern sahen wie die
von Erwachsenen aus.
Kinder mussten wie Erwachsene arbeiten.
Größere Kinder passten auf kleinere auf.
Alle halfen mit: bei der Hausarbeit,
auf dem Feld oder in der Werkstatt.
Kinder holten Wasser vom Brunnen.
Das brauchte man zum Trinken und Kochen.
Kinder hüteten Schafe und Ziegen.
Mit einer Schleuder vertrieben sie wilde Tiere.

Eine Schule wie heute gab es nicht.
Kinder lernten aber lesen und schreiben.
Der Rabbi, ein Lehrer, brachte ihnen bei,
wie man aus den Heiligen Schriften las.
Auch Mädchen lernten lesen.
Jeder jüdische Junge muss heute noch im
Gottesdienst aus der Schriftrolle vorlesen können.

Zum Spielen hatten Kinder wenig Zeit.
Sie konnten sich keine Spielzeuge kaufen.
So machten sie ihre Spiele selbst.
Ein beliebtes Spiel war Murmeln.
Die kleinen Kugeln hat man aus Ton hergestellt.

☞ Worin unterscheidet sich dein Leben
von dem der Kinder damals?

☞ Kinder hatten damals kein Geld für Spielzeug.
Überlege dir Spiele, die man ohne Geld spielen kann.
Welche Spielzeuge könntest du dir selbst herstellen?

☞ Von Jesus wird eine Geschichte erzählt, in der er sich
besonders um Kinder kümmert.
Wenn du sie kennst, erzähle sie nach.

Wohnen und Hausarbeit

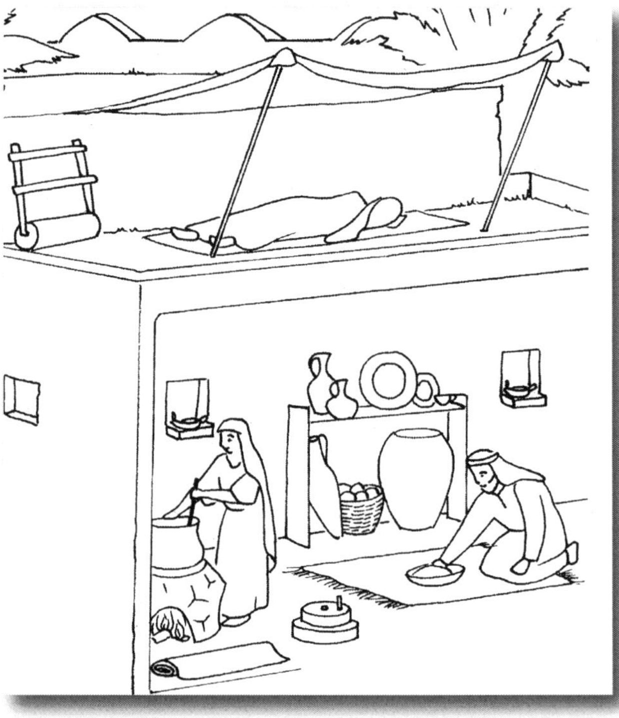

So sah ein Haus in Israel
vor 2000 Jahren aus.

Die Menschen lebten in einem

W _ _ _ _ _ _ _ _. Auf dem D _ _ _

konnte man arbeiten und schlafen.

Dort stand eine D _ _ _ _ _ _ _ _ _ _.

Regen machte das Lehmdach weich.

Man musste den Lehm wieder festrollen.

Es gab nur kleine Fenster. So wurde Licht

durch Ö _ _ _ _ _ _ _ gemacht.

Vorräte wurden in Körben oder in

K _ _ _ _ _ aus Ton gelagert.

Der Ton war kühl und hielt Nahrung frisch.

Es gab eine H _ _ _ _ _ _ _ _, mit der man Mehl für Brot machte.

Den Teig knetete man. Ein kleiner O _ _ _ diente zum Kochen und Backen.

Er wurde mit H _ _ _ geheizt.

Gegessen wurde mit der Hand aus einer S _ _ _ _ _ _ _.

Zum Schlafen rollte man abends eine S _ _ _ _ _ _ _ _ _ _ aus.

☞ Ergänze die Lücken mit folgenden Worten:
Holz – Wohnraum – Lehm – Öllampen – Schlafmatte –
Handmühle – Krügen – Ofen – Dach – Schüssel – Dachwalze

☞ Welche Unterschiede entdeckst du zum Leben heute?

☞ Welche Hausarbeit musst du heute machen?

Handwerk

Handwerker

Handwerker arbeiteten mit Holz, Metall oder Lehm.
Dafür hatten sie Werkzeuge.
Handwerker bauten Häuser und Möbel.
Nur selten hatten sie eine Werkstatt.
Meist gingen sie mit ihrem Werkzeug
auf eine Baustelle.
Josef, der Vater von Jesus, war Handwerker.
Auch Jesus lernte den Beruf.

☞ Heute gibt es unterschiedliche Handwerksberufe. Was macht ein Schreiner, ein Maurer, ein Zimmermann, ein Schmied?

Töpfer

Die meisten Gefäße waren aus Ton.
Ein Töpfer machte sie auf einer Töpferscheibe.
Beim Drehen wurde das Gefäß rund.
Große Tongefäße waren im Sommer
wie ein Kühlschrank.
Aus Ton konnte man auch Öfen herstellen.
Wenn ein Tongefäß zerbrach, hat man die
Scherben als Notizzettel verwendet.

☞ Finde heraus, wofür heute Tongefäße verwendet werden.

Weber und Zeltmacher

Stoffe wurden auf dem Webstuhl gemacht.
Wer keinen besaß, kaufte Stoff beim Weber.
Stoffe wurden aus Schafwolle hergestellt,
manchmal auch aus Tierhaaren.
Zeltmacher webten grobe Stoffe für Zelte.
Viele Menschen lebten in Zelten:
arme Leute, Hirten oder Soldaten.
Der Apostel Paulus war von Beruf Zeltmacher.

☞ Wie und wo wurden deine Kleider hergestellt?

Arbeit auf dem Land

Wer lebte und arbeitete auf dem Land?
Die meisten Menschen in Israel lebten auf dem Land.
Nur wenige besaßen eigene Äcker,
Weinberge, Oliven- oder Obstbäume.
Viele arbeiteten als Knechte und Mägde.
Sie dienten den reichen Bauern.
Viele Menschen waren Tagelöhner.
Sie bekamen nur für einen Tag Arbeit.
Nur an diesem Tag konnten sie ihre Familie ernähren.

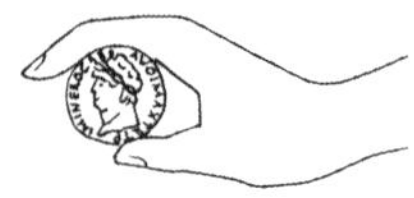

Welche Nahrung wurde angebaut?
Obst (Trauben, Feigen, Datteln und Granatäpfel),
Gemüse (Bohnen, Linsen, Zwiebeln, Erbsen),
Getreide (Weizen oder Gerste),
Oliven, Walnüsse, Sonnenblumen- und Pinienkerne.
Die Nahrungsmittel wurden auf dem Markt verkauft.

Wer Ziegen und Schafe besaß, machte Milch und Käse.
Hirten mussten mit ihren großen Herden umherziehen,
um Futter für die Tiere zu finden.
Hirten waren damals nicht angesehen.

Warum waren Wein und Oliven wichtig?
Brunnen waren oft verschmutzt und
Wasser konnte krank machen.
Gab man ein wenig Wein oder Essig ins
Trinkwasser, wurden Bakterien abgetötet.
Olivenöl aß man zu jeder Mahlzeit.
Mit Olivenöl wurden auch Könige und Tote „gesalbt“.

Wie wurden Wein und Olivenöl hergestellt?
Weintrauben wurden in ein Becken geschüttet.
Man trat mit den Füßen auf ihnen herum.
Der Saft lief in ein anderes Becken darunter.
Damit man nicht auf den Trauben ausrutschte,
musste man sich irgendwo festhalten können.

Oliven wurden in eine Steinmühle gelegt.
Die Olive und der Kern wurden zerdrückt.
Mit einer Olivenpresse presste man dann
das Öl heraus.

Vom Korn zum Brot

Brot war damals die wichtigste Nahrung.
Es gehörte zu allen Mahlzeiten dazu.
Man stellte das Brot selbst her.
Damit aus Korn Brot entsteht, waren diese Schritte notwendig:

Ein Bauer pflügt sein Feld. Dadurch wird der Boden locker und Unkraut wird entfernt. So können Saatkörner wachsen.	Die Saatkörner werden gesät. Beim Säen dürfen die Körner nicht auf harten Boden oder unter Unkraut und Dornen fallen. Sie müssen auf den gepflügten Boden fallen. Sonst können sie nicht wachsen.
Die gesäten Körner wachsen. Aus ihnen werden reife Ähren. Die Ähren werden mit einer Sichel geerntet.	Die Ähren werden auf den Boden gelegt. Dann wird gedroschen. Ein Dreschschlitten wird über die Ähren gezogen. So werden die Körner herausgedrückt.
Nach dem Dreschen werden die Ähren in die Luft geworfen. Das nennt man worfeln. Der Wind weht die leichten Halme (Spreu) davon und die schweren Körner fallen auf den Boden.	Zu Hause mahlt man die Körner mit einer Handmühle. Durch das Reiben entsteht zwischen den Steinen Mehl. Das wird in einer Schüssel gesammelt.
Aus Mehl und Wasser wird Teig gemacht. Wenn Sauerteig (Hefe) hinzugefügt wird, wird das Brot weich. Mehl, Sauerteig und Wasser werden gut geknetet.	Fladen werden geformt und gebacken. Brote können im Ofen oder auf ihm gebacken werden.

☞ Ordne die Textkarten und Bildkarten einander zu.

☞ Finde heraus: Wie wird bei uns heute Brot hergestellt?
Vom Korn zum Brot

Am Passahfest wird Brot ohne Sauerteig gegessen. Das **ungesäuerte Brot** heißt „Matzen“. Als Mose die Israeliten aus Ägypten führte, mussten sie schnell aufbrechen. Sauerteig (Hefe) braucht aber lange, um sich mit dem Mehl zu verbinden. Dazu hatten sie keine Zeit. Matzen erinnern also an Mose und an die Befreiung der Israeliten aus Ägypten.

Vom Korn zum Brot

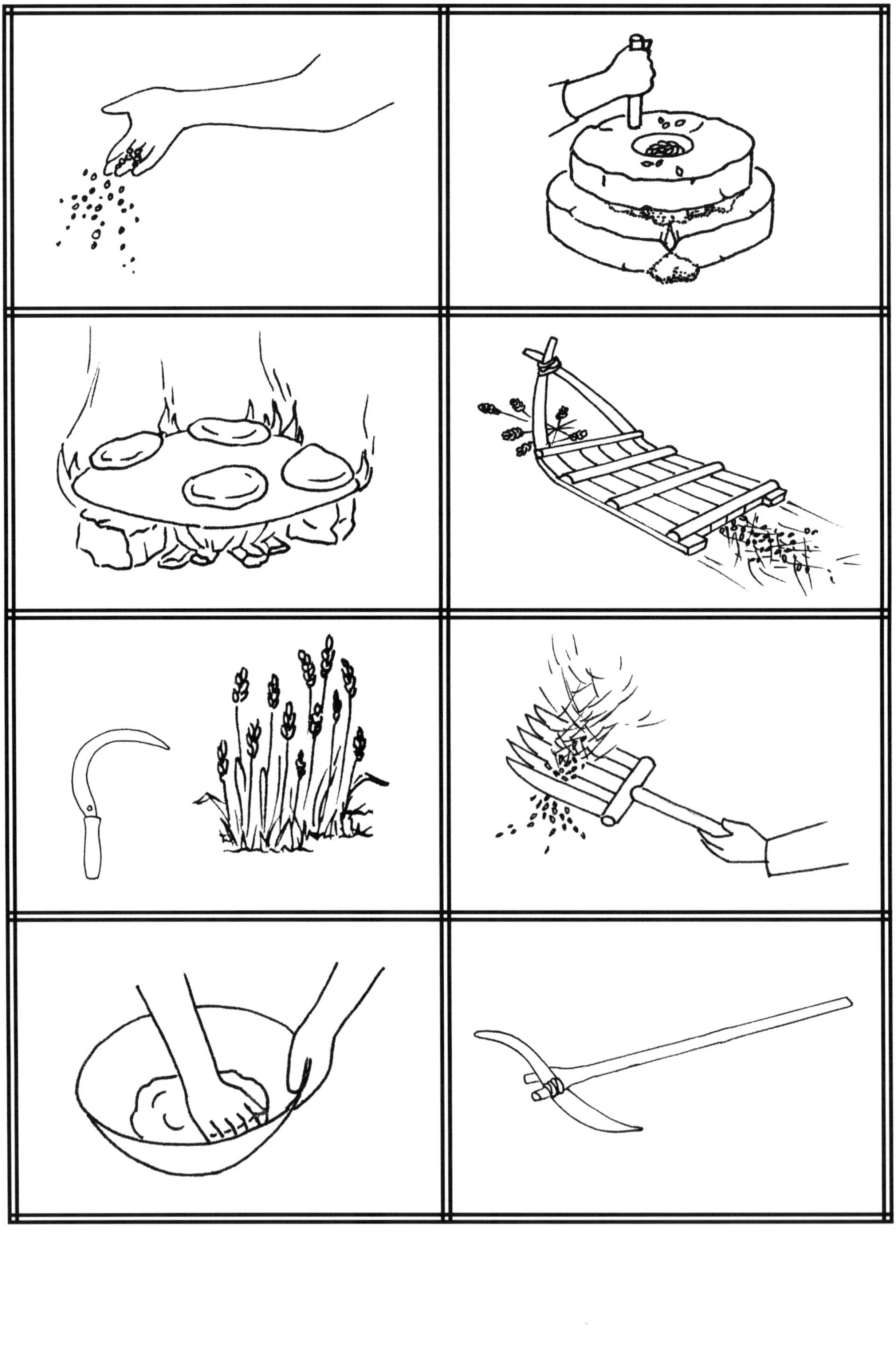

Fischer

Fleisch war für viele Menschen zu teuer.
So wurde eher Fisch gegessen.
Fisch kam aus dem Mittelmeer oder
aus dem See Genezareth.
Mit kleinen Booten fuhren sie hinaus.
Oder sie warfen am Ufer ihre Netze aus.
Einige Jünger von Jesus waren Fischer.
Jesus sagte: „Ihr sollt Menschen fischen."

Soldat

Die Römer herrschten über Israel.
Der römische Kaiser war oberster Herr.
Soldaten sorgten für Ordnung.
Viele Menschen hatten Angst vor den Römern.
Andere kämpften gegen sie.
Viele warteten auf einen, der die Römer vertreibt.
Aber die Römer straften alle, die sie für Aufrührer hielten.
Sie hängten sie an ein Kreuz – so wie Jesus.

Zöllner

Zöllner arbeiteten für die Römer.
Sie saßen am Eingang einer Stadt.
Wer Waren hatte, musste Geld zahlen.
Manch ein Zöllner nahm Geld für sich.
Zöllner waren nicht beliebt.
Nicht einmal essen wollte man mit ihnen.
Jesus aber aß mit Zöllnern und
kümmerte sich um den Zöllner Zachäus.

Judentum – die Religion Jesu

Die Religion Jesu ist das Judentum.
Zeichen für diese Religion ist
der Leuchter mit sieben Armen –
die Menora.

M _ _ _ _ _ _.

Juden glauben: Gott begleitet ihr Volk.
Ihre Heilige Schrift ist die Tora. Das sind die
fünf Bücher Mose. Darin stehen die Geschichten
von Noah, Abraham, Josef und Mose.
Juden treffen sich im Gotteshaus, der Synagoge.
Dort liest man die Tora auf großen Schriftrollen.
Jungen sollen sie mit 13 Jahren lesen können.
Dann gelten sie als erwachsen.
Mädchen sind mit zwölf Jahren erwachsen.
Jesus kennt die Heiligen Schriften gut.
Er ist ein Rabbi – ein jüdischer Lehrer.

T _ _ _

R _ _ _ _

Der Tempel in Jerusalem ist damals
der wichtigste Ort für Juden.
Seine Mitte ist das Allerheiligste.
Nur Priester dürfen dort hinein.
Sie lesen die Tora, beten für andere
und opfern Tiere für Gott.
An großen Festen gehen Juden zum Tempel.
Im Vorhof kann man Geld in Tempelgeld wechseln
oder Opfertiere kaufen.
Neben dem Tempel ist die Burg Antonia.
Darin überwachen die Römer den Tempel.
Bei einem Krieg haben sie den Tempel zerstört.
Das geschah im Jahre 70 nach Christus.

P _ _ _ _ _ _ _ _

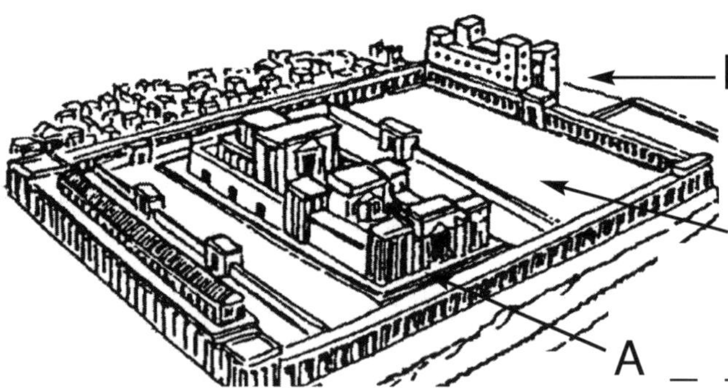

B _ _ _ _ _ _ _ _ _ _ _.

V _ _ _ _ _ _.

A _ _ _ _ _ _ _ _ _ _ STES.

☞ Lies den Text und fülle die Lücken aus.

Essen in biblischer Zeit

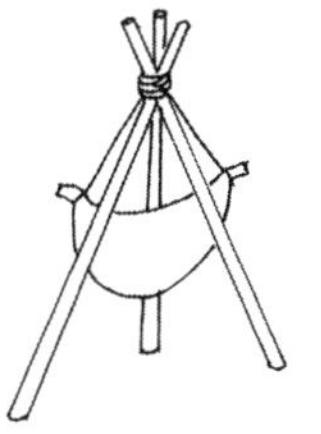

Essen war damals wichtig für die Gemeinschaft.
Mahlzeiten mussten lange vorbereitet werden.
Wasser wurde vom Brunnen geholt
und im Trinkschlauch aufbewahrt.
Feuerholz musste besorgt werden.
Suppe oder Brei wurde lange gekocht.
Für Brot musste Mehl mit der Handmühle gemahlen
werden und der Teig wurde dann gebacken.
Käse wurde aus Milch von Ziegen und Schafen gemacht.
Oliven wurden in Öl und Gewürzen eingelegt.

Fleisch gab es sehr selten.
Nicht erlaubt ist das Essen von Schweinefleisch.
Schweine gelten für Juden als unrein.
Manchmal gab es ein Huhn oder einen Fisch.
Zu einem Fest gab es Lamm- und Ziegenfleisch.

Man teilte miteinander das Brot
und trank aus einem Becher.
Juden dankten Gott mit dem Segensspruch:
„Gelobt seist du, ewiger König der Welt,
dass du Brot aus der Erde hervorbringst."

Alles stand in der Mitte oder auf einem Tisch.
Eigene Teller gab es nicht.
Man tunkte sein Brot in eine Schüssel
oder nahm sich etwas auf die Hand.

Essen für jeden Tag

Fladenbrot
Olivenöl
Gerstenbrei
Gekochte Linsen
Getrocknetes Obst
Wasser mit Essig

Ein Festmahl

Fladenbrot
Olivenöl mit Kräutern
In Öl eingelegtes Gemüse
Gekochtes Lammfleisch
Huhn
Mit Honig gesüßte Milch
Frisches Obst
Wein

Projekt: Wir machen Licht wie bei Jesus

Öllampen kann man selbst machen.
Dazu walzt man Ton und schneidet eine Form
wie eine Birne aus.
Dann macht man aus Ton eine Umrandung.
Am besten brennt man den Ton danach.
Dann füllt man die Lampe mit Öl
und legt einen Docht hinein.
Wenn der Docht sich vollgesaugt hat,
kann man ihn anzünden.

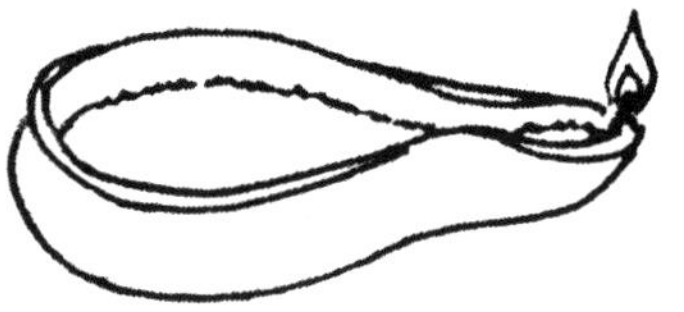

Projekt: Notizbuch aus der Zeit Jesu

Worauf schrieb man Notizen zu Jesu Zeit?
Papier gab es noch nicht. Papyrus und Lederhaut war
viel zu teuer. Man brauchte etwas, das man leicht wieder-
verwenden kann: Eine Wachstafel.
Wachstafeln kann man selbst herstellen.
Man schmilzt Bienenwachs in einem alten Topf.
Dann lässt man kleine Holzbretter und Leisten
zuschneiden. Die Leisten klebt man um das Brett.
Dann gießt man das Wachs auf das Brett und
streicht es mit einem breiten Meißel glatt.
Wenn man Löcher bohrt, kann man Holzbretter verbinden.
Man schreibt die Notizen mit einem dicken Nagel.
Dann legt man das Wachsbrett in die Sonne oder auf eine
Heizung. Mit dem Meißel streicht man das Wachs wieder
glatt.

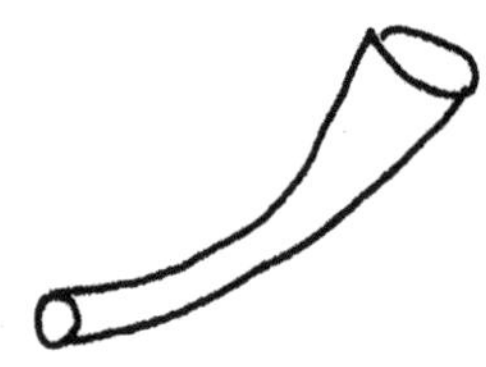

Projekt: Musik machen wie bei Jesus

Welche Musikinstrumente gab es damals?

- ○ Ein Schofar war ein Tierhorn. Er wurde ausgehöhlt und geblasen wie eine Trompete.
- ○ Eine Flöte wurde aus Holz oder Knochen hergestellt.
- ○ Es gab eine Laier, ein Instrument mit Saiten.
- ○ Dann gab es Pauken – kleine Handtrommeln.
- ○ Schließlich gab es Zimbeln – kleine Becken aus Metall.

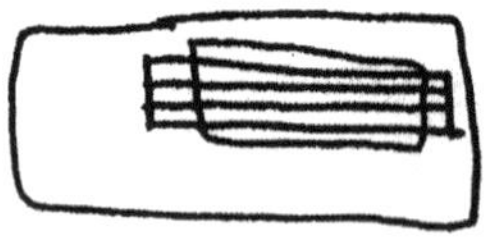

☞ Versucht einige dieser Musikinstrumente zu finden und miteinander eine Musik zu spielen, auf die man tanzen kann.

Arbeit

Töpfer	Hirte	Lehrer
Fischer	Priester	Weinbauer
Weber	Zöllner	Bauer
Handwerker	Soldat	Hausfrau

Gegenstände

	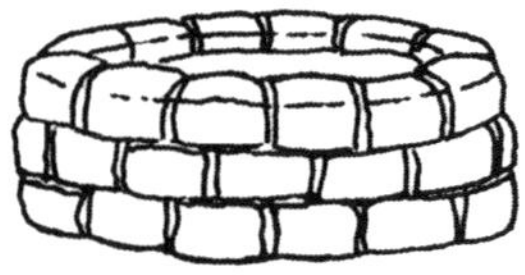	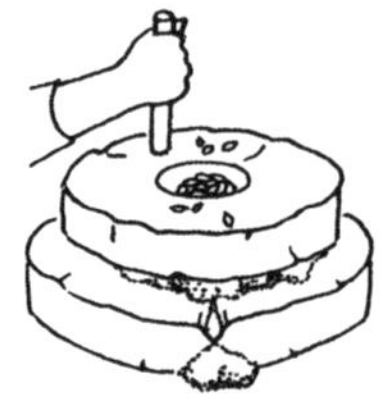
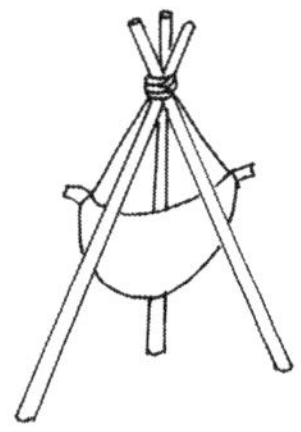	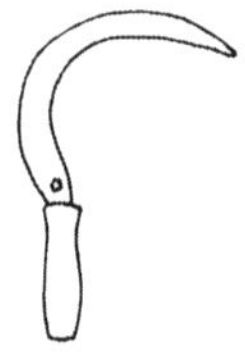	
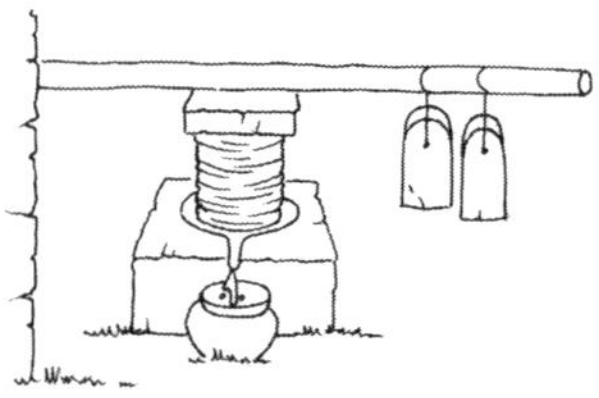		

Schreibtafel	Hirtenstab	Tamborin
Wasserschlauch	Öllampe	Dachwalze
Sichel	Krug	Kleid
Getreidemühle	Brunnen	Schlafmatte
Ölpresse	Kochstelle	Korb

Wer von Jesus erzählt

Woher wissen wir von Jesus?
Das Neue Testament berichtet von ihm.
Das ist ein Teil der Bibel. Darin finden sich die Briefe von Paulus und die Evangelien.

Die Briefe von Paulus
Paulus war ein Apostel. Er reiste umher und erzählte den Menschen von Jesus.
Paulus hat Gemeinden gegründet.
Die Menschen in den Gemeinden hatten Fragen über den Glauben. So schrieb er ihnen Briefe. Darin berichtete er über Jesus.
Diese Briefe finden sich im Neuen Testament.

Die vier Evangelien
Die Evangelien berichten über Jesu Leben, seine Worte und Taten. Evangelium heißt: „Frohe Botschaft."
Den Schreiber eines Evangeliums nennt man „Evangelist".
Die vier Evangelisten heißen **Matthäus, Markus, Lukas und Johannes.**
In Kirchen findet man Symbole, die an sie erinnern:

Matthäus	**Mensch oder Engel** Am Anfang schreibt Matthäus über die Vorfahren von Jesus. Sie zeigen: Jesus war ein Mensch. Auch kündigt ein Engel die Geburt Jesu an.	
Markus	**Löwe** Am Anfang des Evangeliums steht Johannes der Täufer. Jesus kommt zu ihm in die Wüste. Dort leben Löwen.	
Lukas	**Stier** Das Evangelium beginnt mit dem Priester Zacharias. Ein Priester im Tempel hat die Aufgabe zu opfern. Ein Stier ist ein Opfertier im Tempel.	
Johannes	**Adler** Er fliegt in die Höhe. Für Johannes kam Jesus direkt von Gott zu uns Menschen. Der Adler ist ein Zeichen, dass Gott durch seinen Geist bei uns ist.	

Ideen zur Arbeit mit Jesus-Geschichten

Es gibt viele Geschichten über Jesus. Die muss man verstehen lernen. Dazu könnt ihr neben den Text Zeichen machen, die zeigen, wie es euch mit dem Text ging. Wenn ihr die Geschichte verstanden habt, könnt ihr euch kreativ mit ihr auseinandersetzen. Dazu gibt es folgende Möglichkeiten:

Wenn ihr etwas verstanden habt:	!
Wenn ihr noch Fragen habt:	?
Wenn euch etwas gefällt:	☺
Wenn ihr etwas nicht gut findet:	☹

Nacherzählen mit Legematerial (Tücher, Kerzen, Figuren). Überlegt euch Farben, die zu der Geschichte passen. Sucht nach Materialien, die ihr einsetzen könnt.

Nacherzählen aus der Sicht einer Person in der Geschichte. Überlegt, wie die Personen diese Geschichte erleben.

Als **Bibelreporter** eine Geschichte schreiben. Wie würde die Geschichte in einer Zeitung klingen?

Bibeltexte vertonen. Du kannst zu jedem Satz einen Klang oder ein Geräusch machen.

Einen **Bibel-Rap** schreiben. Wie wohl die Bibelgeschichte als Rap klingt? Du kannst auch ein Lied schreiben und dafür eine bekannte Melodie verwenden.

Geschichten malen oder als Bibelcomic zeichnen. Du kannst eine Geschichte in deinem Stil malen oder zeichnen.

Farbenbilder gestalten. Male Farben zu den Gefühlen in der Geschichte. Wenn sich Gefühle ändern, kannst du den Übergang malen.

Eine Szene mit Figuren gestalten. Mit Figuren und Gegenständen kannst du die Szene nachstellen.

Standbild oder Bildfolge. Überlege, welches ist die wichtigste Szene und stelle sie mit anderen nach, wie bei einem Foto.

Pantomime und Rollenspiel. Spiele die Geschichte ohne oder mit Worten nach. Du kannst Dialoge selbst schreiben.

Ein **Bibel-Filmdrehbuch** schreiben: Welche Szenen gibt es in der Geschichte? Schreibe auf, was wer sagt und tut.

Ein Spiel gestalten – beispielsweise ein Spielbrett und Ereigniskarten oder ein Quartett entwerfen.

Ein Jesus-Buch gestalten

Da ihr viele Jesus-Geschichten kennenlernt, lohnt es sich, ein Jesus-Buch zu gestalten. Gestaltet dazu ein Titelblatt (Cover). Am Ende könnt ihr das Buch binden lassen.

Mein Jesusbuch

Warten auf den Retter

Den Menschen damals ging es nicht gut.
Die Römer beherrschten das Land.
Es gab viele arme Leute.

Im Alten Testament gab es Männer,
die in die Zukunft sahen.
Das waren die Propheten.
Einer von ihnen hieß Jesaja.
Er schrieb:

„Das Volk, das im Dunkeln lebt
und keine Hoffnung hat,
sieht ein großes Licht.
Herr, du schenkst den Menschen
Freude und Freiheit.
Ein Kind wird geboren.
Der neue König kommt
aus der Familie Davids.
Er regiert als gerechter Herrscher
von nun an und für immer.
Gott schenkt ihm Weisheit und Stärke.
Überall wird Friede sein."

(Jesaja 9 und 11)

Andere Propheten schrieben:

- ○ Der neue König kommt aus Bethlehem.
- ○ Er wird auf einem Esel daherkommen.
- ○ Er wird leiden müssen.

Als Jesus zur Welt kam, fragten sich die Menschen:

- ○ *Wann kommt der Retter der Welt?*
- ○ *Wann werden wir befreit?*
- ○ *Wann wird die Sonne für alle Menschen scheinen?*

☞ Überlege dir eine Geschichte, in der Menschen unterdrückt werden.
Beschreibe besonders, welche Gefühle die Menschen haben.

Ein Engel kommt

Lukas schreibt über die Zeit
vor der Geburt Jesu (Lukas 1):

Mein Engel

Zacharias dient im Tempel von Jerusalem.
Er und seine Frau Elisabeth haben
keine Kinder. Ein Engel kommt und sagt:
„Ihr bekommt einen Sohn.
Johannes soll er heißen.
Er wird die Menschen zu Gott führen,
damit der Retter der Welt kommen kann."
Zacharias glaubt das nicht,
deshalb wird er stumm.
Doch seine Frau wird schwanger.

Maria und Josef sind verlobt.
Da kommt ein Engel zu Maria und sagt:
„Du bekommst einen Sohn.
Er soll Jesus heißen.
Gott schickt ihn als Retter in die Welt."
Maria erschrickt, doch sie sagt:
„Es sei so, wie Gott es will."

Maria geht zu Elisabeth. Sie sind verwandt.
Da hüpft das Kind in Elisabeths Bauch.
Bald bekommen Elisabeth und Zacharias ihr Kind.
Zacharias kann immer noch nicht sprechen.
Auf eine Tafel schreibt er den Namen „Johannes".
Plötzlich kann er wieder sprechen.
Er singt ein Lied: „Gelobt sei Gott!
Mein Kind wird ein Prophet Gottes sein."

☞ Engel sind Boten von Gott.
Welche Botschaft bringt der Bote hier?

☞ In der Bibel wird nicht gesagt, wie Engel aussehen.
Manche gestalten sie mit Flügeln, andere nicht.
Manche gestalten sie bunt, andere mit viel Licht.
Wie stellst du dir einen Engel der Bibel vor?
Gestalte ihn selbst oben im Kasten.

Jesus wird geboren

Lukas erzählt, wie Jesus
zur Welt kam (Lukas 2):

Die Römer sind Herren über Israel.
Ihr Kaiser Augustus befiehlt:
Alle müssen in ihre Heimatstadt gehen.
Dort sollen sie sich zählen lassen.
So sieht er, wie viele Abgaben er bekommt.
Josef stammt aus Bethlehem.
Maria geht mit ihm.
Doch sie bekommt bald ihr Kind.
Der Weg ist weit nach Bethlehem.

In Bethlehem suchen sie ein Zimmer.
Doch es ist kein Platz in der Herberge.
So schlafen sie bei den Tieren.
Dort bekommt Maria das Kind.
Sie weiß nicht, wohin sie das Kind legen kann.
Da legt sie es in eine Futterkrippe.

Bei Bethlehem hüten Hirten ihre Schafe.
Sie sehen ein helles Licht – einen Engel.
Der sagt: „Der Retter der Welt ist geboren.
Das Kind liegt in einer Krippe."
Andere Engel singen: „Ehre sei Gott in der Höhe.
Auf der Erde wird Frieden sein für alle Menschen."
Die Hirten laufen nach Bethlehem und
finden das Kind in einer Futterkrippe.
Die Hirten erzählen allen:
„Das Kind wird uns Frieden bringen.
Das hat ein Engel gesagt."
Fröhlich gehen sie zurück zu den Schafen.

☞ Lukas beschreibt: Jesus wird als Kind in eine Futterkrippe gelegt.
Was sagt er damit über das Kind Jesus?

☞ Für Lukas ist Jesus der R _ _ _ _ _ der W _ _ _ .
Was ist damit wohl gemeint?

☞ Kennst du noch eine andere Geschichte über die Geburt Jesu?
Worum geht es in ihr?

Jesus wird geboren

Matthäus erzählt, wie Jesus
zur Welt kam (Matthäus 2):

In einem fernen Land leben Sterndeuter.
Sie sehen einen neuen Stern – einen Königsstern.
Sie folgen ihm und kommen nach Jerusalem.
„Wo ist der neugeborene König?", fragen sie.
Der alte König Herodes hört das und ist zornig.
Er will alleine König sein.
Zu den Weisen sagt er listig:
„Berichtet es mir, wenn ihr das Kind findet."

Der Stern führt die Sterndeuter nach Bethlehem.
Sie finden Jesus und seine Eltern. Dem Kind
schenken sie Gold, Weihrauch und Myrrhe.
Das sind Geschenke für einen König.
Bald gehen sie wieder nach Hause. Aber sie
verraten dem König nicht, wo das Kind ist.

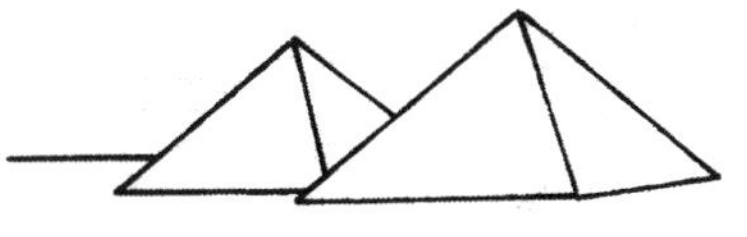

Herodes ist wütend und will Jesus töten lassen.
Doch ein Engel warnt Josef.
Nachts flieht die Familie nach Ägypten.
Erst nach langer Zeit kommen sie wieder.
Da ist König Herodes schon gestorben.
Maria, Josef und Jesus ziehen nach Nazareth.
Dort wächst Jesus auf.

☞ Matthäus beschreibt: Ein Königsstern zeigt, wo das Kind geboren wird.
Außerdem bekommt es königliche Geschenke.
Was sagt er damit über das Kind Jesus?

☞ Für Matthäus ist Jesus der R _ _ _ _ _ _ d _ _ W _ _ _ .
Was ist damit wohl gemeint?

☞ Kennst du noch eine andere Geschichte über die Geburt Jesu?
Worum geht es in ihr?

Jesus als Kind im Tempel

Lukas erzählt eine Geschichte über Jesus, als er zwölf Jahre alt ist (Lukas 2):

Jesus geht mit seinen Eltern
nach Jerusalem zum Passahfest.
Nach ein paar Tagen ziehen sie
mit anderen wieder nach Hause.
Sie verlieren Jesus aus den Augen.
Er ist verschwunden.
Seine Eltern suchen ihn und
gehen zurück nach Jerusalem.

Im Tempel finden sie Jesus.
Er spricht mit den Schriftgelehrten.
Die sagen:
„Der Junge gefällt uns!
Er kennt sich gut in den
Heiligen Schriften aus."
Maria sagt zu Jesus:
„Du hast uns Sorgen gemacht."
„Warum denn?", fragt Jesus.
„Ich bin im Haus meines Vaters."
Maria wundert sich über ihren Sohn.

Die Geschichte erinnert daran, dass jüdische Jungen vor der Gemeinde aus der hebräischen Bibel vorlesen sollen. Sie werden mit 13 Jahren so zum **Bar Mizwa** – zum „Sohn der Pflicht". Danach gilt man für die Gemeinde als erwachsen.

☞ Was sagt diese Geschichte über Jesus als Kind?

☞ Welches religiöse Fest gibt es bei uns für Jugendliche? Wie wird es gefeiert?

☞ Wie gut kennst du dich in der Bibel aus? Nenne Geschichten, die du kennst.

Jesus wird getauft

Markus erzählt über die
Taufe Jesu (Markus 1):

Johannes lebt am Fluss Jordan.
Sein Kleid ist aus Kamelhaar.
Er isst das, was er findet:
Früchte und Heuschrecken.

Viele Leute kommen zu ihm.
Johannes sagt ihnen:
„Gott wird bei euch sein.
Aber ihr müsst euch ändern.
Bereut eure Fehler.
Dann vergibt euch Gott."

Als ein Zeichen tauft er
Menschen im Fluss Jordan.

Auch Jesus kommt zu Johannes.
Johannes tauft ihn im Fluss.

Eine Taube kommt vom Himmel.
Dies ist ein Zeichen.
Sie soll zeigen: Gott ist mit Jesus.

Taufe ist heute die Aufnahme in die Gemeinschaft der Christen.
Sie geschieht ein Mal.
Die Taufe Jesu zeigt: Sie ist auch ein Zeichen dafür, dass man ein Leben lang über sich nachdenken soll.

☞ Wie lebt Johannes? Was zeigen dir seine Kleider und sein Essen?

☞ Johannes sagt: „Bereut eure Fehler. Dann vergibt euch Gott."
Was meint er damit?

☞ Wenn du getauft bist: Was kannst du über deine Taufe herausfinden?

Wenn Jesus Menschen begegnet

Jesus zieht umher und begegnet vielen Leuten.

Er trifft seine Freunde, die Jünger.
Sie lassen ihre Arbeit und Familien zurück.
Jünger bedeutet Schüler.
Sie nennen ihn Rabbi – das heißt Lehrer.
Auch Frauen begleiten Jesus.

Dann trifft Jesus auf Menschen,
denen es nicht gut geht.
Er setzt sich für Kinder ein.
Er kümmert sich um Zöllner, die keiner mag.
Er ist für Menschen da, die Not leiden,
die eine Behinderung haben oder die krank sind.

Jesus will, dass es Menschen gut geht.
Keiner soll hungern oder ausgeschlossen sein.
Jeder soll gut leben können.
So soll die Welt sein, wie Gott sie haben will.

Deshalb erzählt Jesus den Menschen von
Gottes neuer Welt – dem Reich Gottes.
Das tut er in Gleichnissen.
Er vergleicht die neue Welt Gottes mit dem,
was die Leute jeden Tag sehen und erleben.
So kann man sich das besser vorstellen.

Dann erzählen seine Freunde von ihm,
dass er wundersame Dinge tut.
Jesus kann heilen. Er schafft es,
dass es Menschen wieder gut geht.

Aber Jesus begegnet auch Menschen,
die nicht gut finden, was er sagt und tut.
Ihnen ist nur wichtig, dass man nach
Gottes Geboten lebt.
Es war damals üblich, darüber zu streiten,
wie man die Gebote richtig versteht.

Jesus findet Freunde

Markus erzählt, wie Jesus Freunde gewinnt (Markus 1):

Jesus trifft am See Genezareth
Simon, den Fischer.
„Komm mit!", sagt Jesus.
„Du sollst für mich
Menschen fischen."
Da geht Simon mit Jesus.
Viele Männer und Frauen
folgen Jesus nach.
Sie werden seine Jünger und
lassen alles zurück, nur um
bei Jesus zu sein.

☞ Wenn die Jünger Jesus „Rabbi" nennen, dann heißt das …

☞ Für Jesus „Menschen fischen", das meint …

☞ Überlege, was es heißt, dass die Jünger alles zurücklassen, nur um bei Jesus zu sein.

Jesu Freunde werden **Jünger** genannt, das heißt Schüler.
Die Jünger nennen Jesus **Rabbi**.
Das bedeutet Lehrer.
Zwölf Jünger sind uns bekannt:

Andreas,
Bartholomäus,
Thomas,
Jakobus der Ältere
und der Jüngere,
Johannes,
Judas,
Matthäus,
Thaddäus,
Philippus und
zwei, die Simon hießen.

Jesus nennt Simon, den Fischer, später „Petrus" (= der „Fels").

Eine der Frauen, die Jesus folgten, war Maria aus Magdala.

Jesus und die Kinder

Markus erzählt (Markus 10):

Jesus und seine Jünger
gehen in ein Dorf.
Da kommen Leute.
Sie bringen Kinder zu Jesus.
Er soll ihnen den Segen geben.
Die Jünger sagen:
„Stört Jesus nicht!"

Jesus hört das.
Da wird er zornig und ruft:
„Lasst die Kinder zu mir.
Sie sind Gott ganz nahe.
Nehmt euch lieber ein Beispiel an ihnen."
Dann legt Jesus den Kindern
die Hände auf den Kopf.
So segnet er sie.

Segen bedeutet:
Man steht unter dem Schutz Gottes und bekommt von ihm Kraft.

☞ Überlege, warum die Jünger sagen: „Stört Jesus nicht!"

☞ Sich an Kindern ein Beispiel nehmen – das kann heißen …

☞ Jesus segnet die Kinder. Ein Segensspruch ist: „Der Herr behüte dich auf deinem Weg." Schreibe einen eigenen Segensspruch auf.

Jesus und der Ruhetag

Markus erzählt (Markus 2-3):

Es ist Ruhetag – der Schabbat.
Jesus ist bei einem Feld.
Seine Jünger haben Hunger.
Sie reißen Ähren ab und essen ihre Körner.
Leute kommen und rufen zu Jesus:
„Schau, was deine Jünger tun!
Sie ernten am Ruhetag!
Das ist nicht erlaubt!"
Da sagt Jesus: „Sie haben Hunger.
Also sollen sie zu essen bekommen.
Menschen soll es am Ruhetag gut gehen."

Am Ruhetag sieht Jesus einen Mann.
Er hat eine kranke Hand und
kann nicht arbeiten.
Jesus heilt seine Hand.
Nun kann er wieder für sich
und seine Familie sorgen.
Zu den Leuten sagt Jesus:
„Keinem soll es am Ruhetag schlecht gehen."

Manche finden nicht gut,
was Jesus da sagt und tut.

☞ Am Ruhetag lässt Jesus die Jünger essen, und er heilt den Mann.
Warum tut er das? Warum finden das manche nicht gut?

☞ „Schützt den Ruhetag!" Warum ist dies heute noch wichtig?

Der **Ruhetag**, der „Schabbat", ist der siebte Tag der Woche. Er war für Menschen im alten Israel heilig, denn Gott hat ihn selbst gemacht. Seine Gebote schützen ihn. Doch fragten sich die Leute: Was darf man am Ruhetag tun und was nicht?

Der Zöllner Zachäus

Lukas erzählt über den
Zöllner Zachäus (Lukas 19):

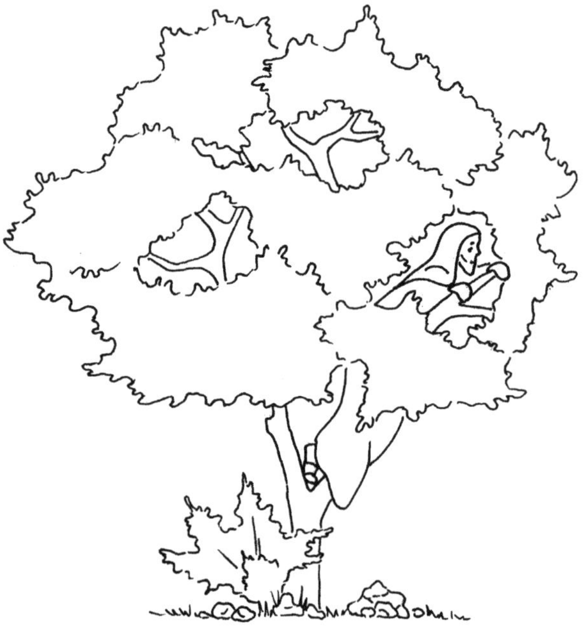

Jesus kommt nach
Jericho. Alle
wollen ihn sehen.
Auch Zachäus, der
Zöllner. Doch er ist
klein.
Keiner will Zachäus
nach vorne lassen.
So steigt er auf einen Baum.

Jesus kommt und sieht Zachäus.
Er sagt: „Ich will heute dein Gast sein."
Die Leute sind empört und rufen:
„Warum tut Jesus das?
Mit so einem isst man doch nicht!"

Doch Jesus geht mit Zachäus.
Zachäus will sein Leben ändern.
„Ich will alles zurückgeben, was ich zu viel
genommen habe, und noch viel mehr", sagt er.
„Und ich will mich um Arme kümmern."

Jesus sagt: „Gott freut sich über einen wie dich.
Dir und deiner Familie wird es gut gehen."

Zöllner sitzen an einer Grenze oder am Eingang einer Stadt. Sie nehmen Geld von Händlern als „Zoll". Sie dienen den Römern. Manche von ihnen betrügen die Leute. Deshalb mag sie keiner.

☞ Schreibe weiter: Wenn einen keiner mag …

☞ Sein Leben ändern – wie macht man das?

Jesus spricht von Gottes neuer Welt

Jesus begegnet vielen Menschen,
die mehr über Gott erfahren wollen.
Doch wie kann man von Gott erzählen?

Jesus erzählt von der Welt,
wie Gott sie gerne haben möchte.
Er nennt sie „Reich Gottes“ oder „Himmelreich“.
Die Menschen haben Hoffnung, dass es
ihnen besser gehen wird.
Keiner wird arm sein oder hungern,
krank sein oder leiden,
ausgeschlossen sein oder klein.
Im Vaterunser wird dafür gebetet.

Jesus erzählt oft Gleichnisse. Sie vergleichen
Gottes neue Welt mit dem, was Menschen kennen.
Bauern kennen das Säen und Schafe hüten.
Sie wissen, wie schön es ist, wenn eine
Familie wieder zusammenkommt.
Jesus vergleicht Gott mit einem Hirten oder Sämann,
mit einem barmherzigen Vater oder einem
großzügigen Weinbergbesitzer.

Jesus will auch, dass sich die Menschen ändern.
So sagt er: „Ihr sollt wie Salz und Licht sein.“

☞ Was könnte Jesus damit meinen?
Überlege, wenn Essen ohne Salz
und die Welt ohne Licht wäre …

Tausche die Worte „Wir sind das Salz
in der Suppe“ aus mit:
Wir sind das Licht in der Nacht
Wir sind die Hefe im Teig
Wir sind der Schatz im Acker
Wir sind die Kinder im Leben

☞ Was meint man mit diesen
Vergleichen?

Bergpredigt

Matthäus erzählt, wie Jesus zu vielen Leuten auf einem Berg spricht (Matthäus 5-7):

„Freuen dürfen sich alle Armen.
Sie dürfen bei Gott wohnen.

Freuen dürfen sich alle Traurigen.
Gott wird sie trösten.

Freuen dürfen sich alle,
die nach Gerechtigkeit hungern.
Gott wird sie satt machen.

Freuen dürfen sich alle Barmherzigen.
Gott wird zu ihnen barmherzig sein.

Freuen dürfen sich alle,
die sich für den Frieden einsetzen.
Sie sollen Gottes Kinder heißen.

☞ Diese Aussagen Jesu nennt man die „Seligpreisungen". Was sagt Jesus hier über Gottes neue Welt?

In der **Bergpredigt** spricht Jesus von Gottes neuer Welt.
Er sagt, dass Gott sich um alle Menschen kümmert, denen es nicht gut geht. Er sagt, wie wir beten können und dass wir uns keine Sorgen machen sollen. Auch gibt Jesus in der Bergpredigt Hinweise, wie wir uns verhalten können.
Doch es ist nicht leicht, sich an diese Regeln zu halten.

Folgende Regeln finden sich in der Bergpredigt:

Tut denen Gutes, die euch Unrecht tun. Liebt sogar eure Feinde.
Ihr habt genug eigene Fehler. Verurteilt andere Menschen nicht.
Behandelt andere so, wie ihr von ihnen behandelt werden wollt.

☞ Wie könnte so ein Verhalten aussehen? Denke dir Geschichten zu den Sätzen aus.

Das Gebet Jesu

Matthäus berichtet, wie Jesus das **Vaterunser** lehrt (Matthäus 6).
Es ist das wichtigste Gebet der Christen.

☞ Überlege zu jedem Abschnitt des Vaterunser: Was ist gemeint?

☞ Man kann zu den Abschnitten auch …
- O ein Bild gestalten
- O einen Ton oder eine Melodie schaffen
- O eine Bewegung oder Gebärde machen.

Vater unser im Himmel!
Geheiligt werde dein Name.
Dein Reich komme.
Dein Wille geschehe,
wie im Himmel, so auf Erden.
Unser tägliches Brot gib uns heute.
Und vergib uns unsere Schuld,
wie auch wir vergeben unsern Schuldigern.
Und führe uns nicht in Versuchung,
sondern erlöse uns von dem Bösen.
Denn dein ist das Reich und die Kraft
und die Herrlichkeit in Ewigkeit. Amen.

Der barmherzige Samariter

Lukas erzählt ein Gleichnis
von Jesus (Lukas 10):

Ein Schriftgelehrter fragt Jesus:
„Was ist das wichtigste Gebot?"
Jesus lässt es ihn selbst sagen:
„Liebe Gott und deinen Nächsten
wie dich selbst."
„Wer ist aber mein Nächster?", fragt der Mann.

Da erzählt Jesus:
„Ein Mann wird überfallen.
Halb tot liegt er da.
Zwei Leute aus seinem Volk
gehen vorbei. Es ist ein Priester und
einer, der im Tempel dient.
Die kümmern sich nicht um ihn.
Da kommt ein Mann aus Samaria.
Der Samariter kümmert sich um ihn und bringt ihn in eine Herberge.
Dem Wirt gibt er Geld, dass er den Mann versorgt.

Jesus fragt:
„Wer ist hier der Nächste?"
Der Mann sagt: „Der Samariter."
„So ist es", sagt Jesus. „Verhalte dich von
nun an genauso wie er."

Samaria ist eine Gegend in Israel. Die Samariter sind von einem fremden König einst hierher verschleppt worden. Sie haben einen anderen Glauben und andere Sitten. Für die Israeliten sind sie Fremde. Viele mögen sie daher nicht.

☞ Sieh auf einer Karte zum Neuen Testament in einer Bibel nach, wo Samaria liegt.

☞ Das Gleichnis sagt: Ein Nächster ist also …

Der Sämann – Das Senfkorn

Markus erzählt Gleichnisse von
Jesus (Markus 4):

„Ein Bauer sät auf seinem Feld.
Einige Samen fallen auf den Weg.
Da kommen Vögel und picken sie auf.
Einige Samen fallen auf steiniges Land.
Die Sonne verbrennt die jungen Pflanzen.
Einige Samen fallen unter Unkraut und
Disteln. Sie bekommen kein Licht.
Einige Samen fallen auf gutes Land.
Nur sie bringen schöne Ähren hervor."
Jesus fragt: „Wohin werden meine
Worte bei euch fallen?"

☞ Was meint Jesus mit Weg, Stein, Dornen und Disteln?

☞ Was sagt das Gleichnis über Menschen aus?

Gottes neue Welt ist wie ein Senfkorn.
Es fängt ganz klein an
und wird ein riesiger Baum.
Er wird so groß, dass Vögel darin
Schutz finden.

Das **Senfkorn** ist das kleinste aller Samenkörner. Man wundert sich, wie groß der Baum wird, der aus ihm wächst.

☞ Was sagt das Gleichnis über Gottes neue Welt?

☞ Gestalte einen großen Baum, in dem Vögel Schutz finden.

Das verlorene Schaf

Lukas erzählt ein Gleichnis
von Jesus (Lukas 15):

Ein Hirte hat hundert Schafe.
Jeden Tag ist er mit ihnen draußen.
Am Abend zählt er sie.
Eines Abends merkt er:
„Ein Schaf fehlt.
Ich muss es suchen!"

Der Hirte geht los und
sucht das verlorene Schaf.
Er sucht und sucht.
Endlich findet er es.
Er freut sich sehr und hebt es
sanft auf seine Schulter.
Dann geht er mit ihm nach Hause.

Zu Hause feiert er ein Fest.
Er sagt den Nachbarn und Freunden:
„Freut euch mit mir!
Ich habe mein verlorenes Schaf gefunden."

So ist es auch mit Gott.
Er freut sich über jeden Menschen,
der wieder bei ihm ist.

☞ Verloren kann viel bedeuten. Wenn ein Mensch verloren geht, kann dies meinen …

☞ Was sagt das Gleichnis über Gott aus?

Der gütige Vater

Lukas erzählt ein Gleichnis
von Jesus (Lukas 15):

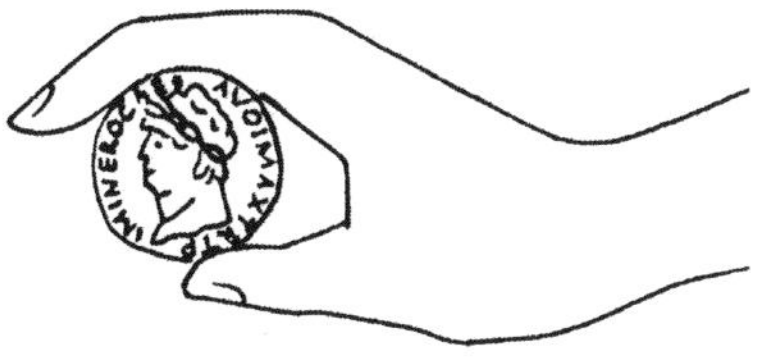

Ein Mann hat zwei Söhne.
Der jüngere Sohn sagt zum Vater:
„Gib mir das Geld, das ich erbe."
Der Vater gibt es ihm.
Der Sohn zieht in ein fernes Land.
Bald ist das Geld ausgegeben.
Er hat Hunger und muss Schweine hüten.
Nicht einmal Schweinefutter bekommt er.

Er denkt: „Den Dienern meines Vaters
geht es besser als mir. Ich will heimgehen
und Vater um Verzeihung bitten.
Vielleicht kann ich als Diener arbeiten."

So macht er sich auf den Weg.
Aus der Ferne sieht ihn sein Vater.
Er läuft ihm entgegen und
schließt seinen Sohn in die Arme.
Dann ruft er den Dienern zu:
„Bereitet ein Festmahl vor.
Das müssen wir feiern!"

Der ältere Bruder kommt und
findet das ungerecht.
Aber der Vater sagt zu ihm:
„Freu dich doch mit mir.
Dein Bruder war verloren,
aber jetzt ist er wieder da.
Sollen wir das nicht feiern?"

☞ Wie könnte die Geschichte weitergehen?
Schreibe zwei Enden der Geschichte.

☞ Das Gleichnis sagt etwas über Gott und seine Gerechtigkeit aus, nämlich ...

Die Arbeiter im Weinberg

Matthäus erzählt ein Gleichnis
von Jesus (Matthäus 20):

Ein Bauer hat einen Weinberg.
Früh geht er zum Marktplatz.
Dort stehen Tagelöhner – Männer,
die für den Tag Arbeit suchen.
„Ich zahle eine Silbermünze als Lohn",
sagt er und nimmt einige Männer mit.
Auch am Mittag, am Nachmittag
und am Abend geht er zum Marktplatz.
Jedes Mal holt er Arbeiter.

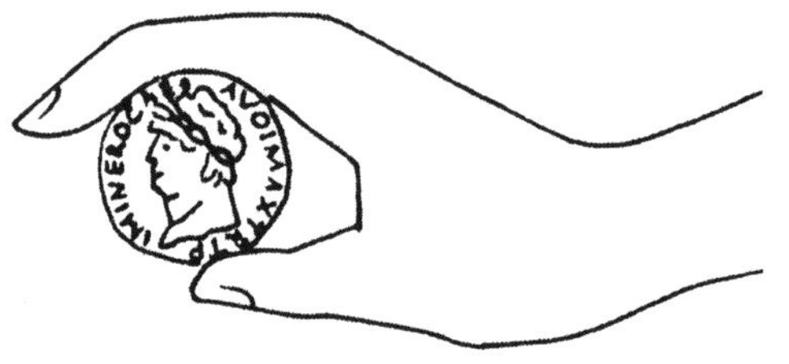

Am Abend bekommt jeder
als Lohn eine Silbermünze.
Da rufen die Arbeiter,
die früh angefangen haben:
„Warum bekommen wir nicht mehr?
Wir haben viel länger gearbeitet!"
Aber der Bauer sagt: „Ich habe
euch eine Silbermünze versprochen.
Die habt ihr bekommen.
Ich bin gerne großzügig.
Ist das etwa ungerecht?"

Eine **Silbermünze** wird auch Denar genannt. So viel braucht man, dass eine Familie an einem Tag zu Essen hat.

☞ Überlege: Wie kann diese Geschichte weitergehen?

☞ Wenn einige Arbeiter nicht den vollen Lohn bekommen hätten, …

☞ „Gerecht" heißt in dem Gleichnis …

Jesus tut wundersame Dinge

Jesus begegnete vielen Menschen und
erzählte von Gottes neuer Welt.
Aber manchmal tat er etwas,
worüber die Leute sich wunderten.
Seine Freunde sammelten die Geschichten
und erzählten sie weiter.

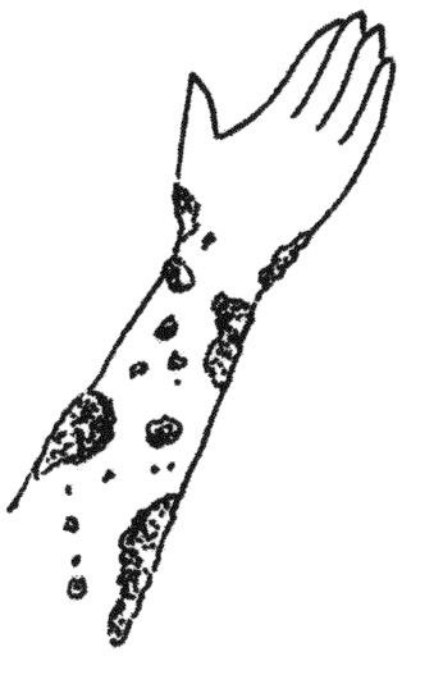

Wie kann man diese Wundergeschichten verstehen?
Vielen Menschen ging es nicht gut.
Manche waren hungrig und in Not.
Manche hatten eine Krankheit.
Manche wurden ausgeschlossen.
Manche hatten eine Behinderung.
Manche hatten Angst.
Manche wurden von anderen gemieden.

Von Jesus wird erzählt, dass er Menschen
geholfen hat. Sie wurden geheilt und
bekamen neuen Mut. Hunger wurde gestillt
und Angst genommen.
Den Menschen wurde Gemeinschaft gegeben.
Jesus sagte: Das alles kommt von Gott.

Diese Wundergeschichten machen Mut.
Sie zeigen: In Gottes neuer Welt
wird es den Menschen gut gehen.
So geben sie Hoffnung.

☞ Wundergeschichten wurden also erzählt …

☞ Überlege dir eine Geschichte, die dir Hoffnung macht.

Der Aussätzige

Markus erzählt von Jesus eine wundersame Geschichte (Markus 1):

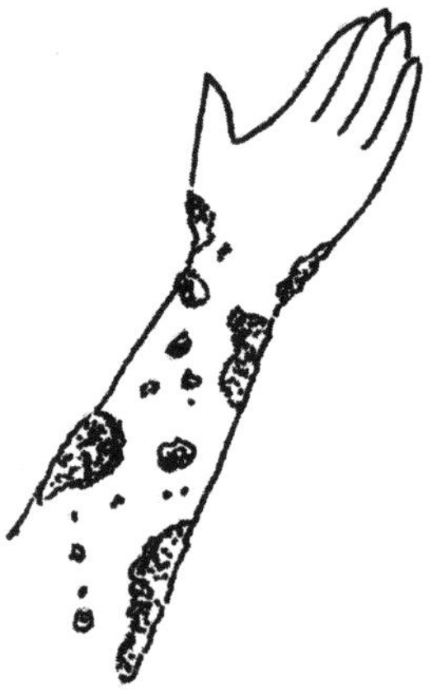

Ein Mann kommt zu Jesus.
Er hat Aussatz.
Keiner kann ihm helfen.
Keiner darf mit ihm zusammen sein.
Er ist ausgestoßen.

Jesus kommt.
Der Aussätzige sieht ihn und ruft.
„Du kannst mich gesund machen!"
Jesus berührt ihn und der Mann wird gesund.
„Sag aber keinem etwas davon", sagt Jesus.
Der Mann freut sich sehr.
Er kann wieder in sein Dorf zurück.
Jedem erzählt er:
„Jesus kann Menschen heilen."

Aussatz ist eine ansteckende Hautkrankheit. Damals gab es dafür kein Heilmittel. So wurden die Menschen aus der Gemeinschaft ausgeschlossen. Heute ist die Krankheit heilbar.

☞ Was erfährt man über Menschen, die damals eine ansteckende Krankheit hatten? Wie ist das heute?

☞ Male in die leeren Felder: Welche Farben verbindest du mit …

… ausgestoßen sein	… in einer Gemeinschaft leben

☞ Wundergeschichten sagen etwas über Gottes neue Welt.
Gott will, dass es allen Menschen gut geht. Das meint hier …

Der Gelähmte

Markus erzählt von Jesus eine
wundersame Geschichte (Markus 2):

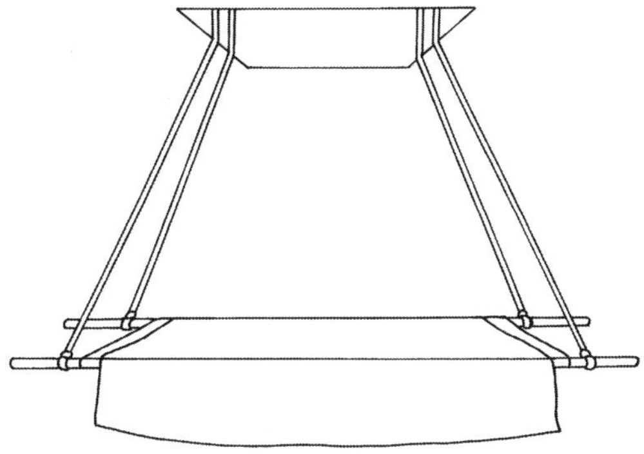

Jesus ist in einem Haus.
Viele Menschen kommen,
bis das Haus voll ist.
Männer bringen einen Gelähmten
auf einer Trage.
Doch sie kommen nicht zu Jesus.
Auf dem Dach machen sie
ein Loch in die Decke.
Dann lassen sie die Trage
an Seilen hinunter.
Jesus sieht den Gelähmten.
Er sagt: „Deine Schuld ist dir
vergeben. Nimm deine Trage und
gehe nach Hause."
Der Gelähmte steht auf.
Er dankt Jesus.

Leute rufen empört:
„Das darf Jesus nicht sagen.
Nur Gott kann Schuld vergeben."
Andere loben Gott und staunen:
„Das haben wir noch nie gesehen."

☞ „Gelähmt sein" kann vieles meinen, nämlich …

☞ Überlege, wie das ist, wenn man sich „schuldig" fühlt.

☞ Wundergeschichten sagen etwas über Gottes neue Welt.
Gott will, dass es allen Menschen gut geht. Das meint hier …

Jesus im Sturm

Markus erzählt von Jesus eine
wundersame Geschichte (Markus 4):

Jesus und seine Jünger
wollen über den See fahren.
Sie setzen sich in ein Boot.
Jesus schläft ein.
Da kommt ein Sturm auf.
Immer höher steigen die Wellen.
Die Jünger haben Angst.
Sie wecken Jesus und rufen:
„Jesus hilf uns, sonst gehen
wir unter!"

Jesus schaut auf.
Er ruft Sturm und Wellen zu:
„Seid still!" Da wird es ruhig.
Jesus fragt: „Warum habt ihr
Angst? Ich bin doch bei euch."
Die Jünger staunen und sagen:
„Sogar Wind und Wellen
hören auf Jesus!"

☞ Gestalte in den Kasten oben mit Farben einen Sturm.

☞ Wovor kann man Angst haben?

☞ Wundergeschichten sagen etwas über Gottes neue Welt.
Gott will, dass es allen Menschen gut geht. Das meint hier …

Alle werden satt

Markus erzählt von Jesus eine
wundersame Geschichte (Markus 6):

Viele Menschen folgen Jesus
an einen einsamen Ort.
Jesus spricht zu ihnen.
Er nimmt sich lange für sie Zeit.
Am Abend haben alle Hunger.

Jesus sagt zu den Jüngern:
„Gebt den Leuten zu essen."
Die Jünger haben nur
fünf Brote und zwei Fische.

Jesus dankt Gott dafür.
Dann sagt er zu den Jüngern:
„Gebt allen davon!"
Die Jünger teilen das Essen aus.
Alle werden satt.
Es bleibt sogar noch etwas übrig.

☞ Schreibe weiter: Wenn man Hunger hat …

☞ Man kann nicht nur auf Nahrung Hunger haben, sondern …

☞ Wundergeschichten sagen etwas über Gottes neue Welt.
Gott will, dass es allen Menschen gut geht. Das meint hier …

Der blinde Bartimäus

Markus erzählt von Jesus eine wundersame Geschichte (Markus 10):

Jesus kommt nach Jericho.
Da lebt Bartimäus – ein blinder Bettler.
Bartimäus hört, dass Jesus kommt.
Laut ruft er: „Jesus, hilf mir!"
Die Leute sagen ärgerlich: „Sei still!"
Doch Bartimäus schreit immer lauter.

Jesus sagt: „Ruft ihn zu mir!"
Bartimäus kommt und Jesus fragt:
„Was willst du?"
Der Blinde antwortet:
„Herr, ich will sehen können."
„Dein Vertrauen hilft dir", sagt Jesus.
Plötzlich kann Bartimäus sehen.
Es schaut sich um und freut sich.
Bartimäus ist glücklich und
geht mit Jesus.

☞ Gestalte die Gesichter von Bartimäus.
Oben ist er blind und ruft verzweifelt,
unten kann er sehen und freut sich.
Gestalte auch den Hintergrund mit Farben, die
zu den Gefühlen passen.

☞ „Blind sein" kann mehr bedeuten, als nicht sehen können, nämlich …

☞ Wundergeschichten sagen etwas über Gottes neue Welt.
Gott will, dass es allen Menschen gut geht. Das meint hier …

Von Palmsonntag bis Christi Himmelfahrt

Ostern ist das wichtigste Fest der Christen. Es zeigt: Mit dem Tod ist nicht alles vorbei. Wir Menschen dürfen Hoffnung haben.

Heute feiern Christen ab dem Palmsonntag (Sonntag vor Ostern) viele Feste, die mit Jesus verbunden sind:

Festtag	Was über den Tag berichtet wird	Zeichen
Palmsonntag	Jesus kommt mit seinen Jüngern nach Jerusalem. Die Leute jubeln und rufen: „Jesus ist unser König.“ Danach geht Jesus in den Tempel. Dort vertreibt er die Händler, damit man in Ruhe beten kann. Manchen gefällt das nicht. Der Name „Palmsonntag“ kommt daher, weil man dachte, die Menschen haben Jesus mit Palmzweigen begrüßt.	
Gründonnerstag	Jesus hält mit seinen Jüngern das letzte Abendmahl. Er sagt, Brot und Wein sind Zeichen für die Gemeinschaft mit ihm. Nachts sind sie im Garten Gethsemane. Jesus betet, dann kommen Soldaten und verhaften ihn. „Grün“ kommt von „greinen“ (= weinen). Heute feiert man am Abend Gottesdienst mit Abendmahl.	
Karfreitag	Jesus ist gefangen. Der Hohepriester denkt, dass Jesus Gott beleidigt. Pontius Pilatus, der Vertreter des Kaisers, verurteilt ihn zum Tod. Vor der Stadt stirbt Jesus am Kreuz. Freunde beerdigen ihn in einem Grab. „Kar“ kommt von dem alten deutschen Wort „trauern“.	
Ostersonntag	Frauen finden das Grab leer. Zwei Jünger begegnen Jesus beim Dorf Emmaus. Schließlich sehen auch alle anderen Jünger, dass Jesus auferstanden ist. Durch Ostern haben Christen Hoffnung, dass Gott jedem Menschen im Tod beistehen kann.	
Christi Himmelfahrt	Jesus ist 40 Tage bei seinen Jüngern. Er macht ihnen Mut, den Menschen von Gott zu erzählen. Danach sehen sie ihn nicht mehr. Christi Himmelfahrt zeigt für Christen, dass Jesus bei Gott ist.	

☞ Gestalte einen Kalender. Schreibe die Tage auf, an denen in diesem Jahr die Feste gefeiert werden. Füge die Informationen und Bilder hinzu.

Jesus kommt nach Jerusalem
(Palmsonntag)

Markus erzählt (Markus 11):

Jesus und die Jünger gehen nach
Jerusalem zum Passahfest.
Die Jünger holen für Jesus einen Esel.
Auf ihm reitet er nach Jerusalem.
Dort warten viele Leute auf ihn.
Sie legen Kleider und Zweige auf
den Weg und rufen:
„Gelobt sei Gott!
Jesus ist unser König."

☞ Wenn die Leute Jesus „König" nennen: Was erhoffen sie sich?

Jesus will im Tempel beten.
Doch dort ist viel los.
Händler machen Geschäfte.
Einige verkaufen Opfertiere.
Andere wechseln Geld, denn man
zahlt im Tempel mit Tempelgeld.
Tiere und Menschen sind sehr laut.
Jesus ist zornig und geht
zu den Tischen der Händler.
Er wirft sie um und ruft:
„Der Tempel ist zum Beten da!"
Einige Leute sehen das und sind empört:
Sie wollen Jesus loswerden.

☞ Warum hat Jesus auf diese Weise gehandelt?

☞ Vergleiche beide Geschichten und überlege, welche unterschiedlichen Meinungen es über Jesus in Jerusalem gab.

Abendmahl und Fußwaschung
(Gründonnerstag)

Markus erzählt (Markus 14):

Am Abend vor dem Passahfest essen
Jesus und seine Jünger miteinander.
Jesus teilt Brot und reicht es herum.
Dann gibt er den Kelch mit Wein weiter.
Dabei sagt er: „Das ist unser letztes
gemeinsames Mahl. Brot und Wein sind
wie mein Leben. Ich gebe es für euch.
Erinnert euch an mich, wenn ihr später
Brot und Wein miteinander teilt.
Bald werde ich nicht mehr da sein."
Alle Jünger schauen sich an.

☞ Ergänze: Gemeinsam mit Freunden essen ist wie …

Das **Abendmahl** wird heute noch im Gottesdienst gefeiert. Es wird dabei an das letzte Abendmahl erinnert. Viele glauben, Jesus ist beim Abendmahl in der Gemeinschaft dabei.

Johannes erzählt (Johannes 13):

Jesus ruft seine Jünger zu sich.
Er kniet nieder und wäscht ihnen
die Füße. Petrus fragt:
„Herr, was soll das?"
Jesus sagt: „Das tue ich, weil
ihr meine Freunde seid.
So wie ich für euch da bin,
sollt ihr füreinander da sein."

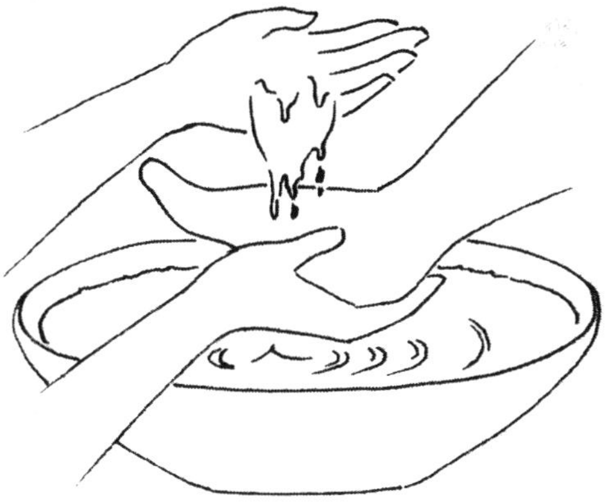

☞ Schreibe auf, was du alles für deine Freunde tun würdest.

Im Garten Gethsemane
(Gründonnerstag auf Karfreitag)

Markus erzählt (Markus 14):

In der Nacht nach dem Abendmahl
gehen Jesus und die Jünger
in den Garten Gethsemane.
Dort stehen Olivenbäume.
Jesus sagt: „Ich möchte beten.
Bleibt mit mir wach!"
Aber die Jünger sind müde.
Sie schlafen ein.
Jesus weiß, dass er sterben wird.
So betet er: „Vater, ich habe Angst
vor dem, was kommt.
Doch alles soll geschehen, wie du es willst."

☞ Wie geht es wohl Jesus in Gethsemane? Beschreibe Gefühle wie diese.

Jesus und seine Jünger sind im Garten Gethsemane.
Da kommen Soldaten mit dem Jünger Judas.
Judas geht zu Jesus und gibt ihm einen Kuss.
Das ist ein Zeichen.
So wissen die Soldaten:
Das ist Jesus.
Die Soldaten nehmen Jesus gefangen.
Jesus wehrt sich nicht.
Da haben die Jünger Angst.

☞ Was denkst du: Warum nehmen die Soldaten Jesus gefangen?

Der Weg zum Kreuz
(Karfreitag)

Markus erzählt (Markus 14 und 15):

Soldaten führen Jesus fort.
Nur Petrus folgt ihnen
zum Haus des höchsten Priesters.
Petrus setzt sich im Hof ans Feuer.
Eine Frau sieht ihn und sagt:
„Bist du nicht ein Freund von Jesus?"
Immer wieder sagt Petrus: „Ich kenne Jesus nicht."
Dann kräht ein Hahn. Petrus erinnert sich.
Am letzten Abend sagte Jesus zu ihm:
„Drei Mal wirst du sagen: Ich kenne Jesus nicht!"
Petrus ist traurig.

☞ Petrus will Jesus nicht mehr kennen.
Warum tut er das?

Die Soldaten fesseln Jesus und schlagen ihn.
Sie setzen ihm eine Krone aus Dornen auf.
Dann wird er zum höchsten Priester gebracht.
Der glaubt: Jesus beleidigt Gott.
So bringt man ihn zu Pontius Pilatus.
Pilatus spricht für den Kaiser der Römer.
Nur er darf Menschen zum Tod verurteilen.
Er hört die Leute rufen: „Jesus soll sterben!
Kreuzigt ihn!" Da verurteilt er Jesus zum Tod am Kreuz.

☞ Die Geschichte zeigt, dass Jesus leidet. Was sagt das über ihn aus?

Jesus stirbt am Kreuz
(Karfreitag)

Markus erzählt (Markus 15):

Soldaten führen Jesus vor die Stadt zum
Hügel Golgatha. Dort schlagen sie ihn an
ein Kreuz. Neben ihm sind zwei Verbrecher.
Soldaten würfeln, wer seine Kleider bekommt.
Der Himmel wird dunkel.
Jesus ruft laut zu Gott.
Dann stirbt er.

Der Hauptmann der Soldaten sagt:
„Jesus war Gottes Sohn."
Nahe beim Kreuz stehen Frauen.
Sie weinen um Jesus.

☞ Ergänze den Satz:
Wenn man sehr
traurig ist, …

☞ Das Kreuz ist ein
Zeichen für Leid und
Trauer. Gestalte es
mit Farben, die für
dich dieses Gefühl
ausdrücken.

Jesus ist auferstanden
(Ostern)

Markus erzählt (Markus 16):

Jesus ist gestorben.
Freunde legen ihn in ein Grab.
Vor den Eingang rollen sie
einen großen Stein.
Zwei Tage später kommen
drei Frauen zum Grab.
Der Grabstein ist weg.
Das Grab ist offen.

Die Frauen fürchten sich.
Im Grab sitzt ein Mann
mit einem weißen Gewand.
Er sagt: „Fürchtet euch nicht!
Jesus ist nicht mehr hier. Er ist auferstanden!
Geht zu den Jüngern und sagt es ihnen."
Doch die Jünger glauben den Frauen nicht.

☞ Das offene Grab ist Zeichen für die Hoffnung. Der Tod ist nicht das Ende. Gestalte das Grab mit Farben, die für dich Hoffnung ausdrücken.

In Israel zu der Zeit Jesu hat man Menschen in einem **Grab** wie diesem beigesetzt. In einem Felsen war eine Grabkammer. Vor diese wurde ein schwerer Rollstein gerollt.

Jesus kommt wieder zu den Jüngern
(Ostern)

Lukas erzählt (Lukas 24):

Zwei Jünger sind auf dem Weg zum Dorf Emmaus.
Sie sind traurig, weil Jesus tot ist.
Da kommt Jesus, aber sie erkennen ihn nicht.
Die Jünger erzählen von ihrem Kummer.
Der Fremde tröstet sie.
In Emmaus bitten sie ihn zu bleiben.
Beim Essen reicht Jesus Brot und Wein.
Da erkennen die Jünger: „Das ist Jesus!"
Doch nun ist er verschwunden.
Schnell laufen die Jünger nach Jerusalem.
Dort treffen sie die anderen und rufen:
„Wir haben Jesus gesehen! Er lebt!"
Da kommt Jesus und alle erschrecken.
„Habt keine Angst", sagt er.
„Gott hat mir das Leben wiedergegeben."
Er zeigt seine Wunden. Die Jünger freuen sich und wissen:
Jesus ist wieder bei ihnen.

☞ Die Freude ist groß bei den Jüngern. Finde Worte, die du mit Freude verbindest und schreibe sie unten in den Rahmen.

Auferstanden – Was heißt das?

Für Christen ist Ostern das wichtigste Fest.
Es ist das Fest des Lebens und der Freude.
Christen glauben: Jesus ist auferstanden von den Toten. Gott kann den Tod besiegen.
Er will auch, dass wir nach dem Tod leben.

Wie können wir uns Auferstehung vorstellen?
Der Apostel Paulus schreibt: Eigentlich können wir uns das nicht vorstellen. Aber weil Jesus Christus auferstanden ist, wird auch uns das Leben geschenkt.
Wie Jesus soll unser Körper verwandelt sein.
Vielleicht ist das so wie bei einer Raupe und einem Schmetterling. Eine Raupe sitzt auf einem Blatt und frisst vor sich hin.
Kann sie sich vorstellen, dass sie ein Schmetterling wird?
Könnte sie sagen, wie das Leben als Schmetterling ist?
Paulus sagt: Auch wir können darüber nichts sagen.
Aber weil Jesus auferstanden ist, dürfen wir uns auf Gott verlassen.
Er wird uns im Tod nicht im Stich lassen.

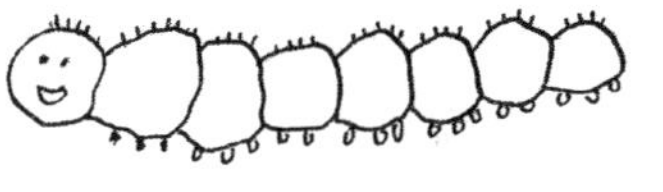

Was hat das Ei mit Ostern zu tun?
Aus einem Ei entsteht Leben.
Man verbindet damit die Hoffnung, dass es mit dem Leben weitergeht. Daher spielt das Ei bei Christen an Ostern eine Rolle.

☞ Christen in Russland gestalten bunte Ostereier mit dem Bild von Jesus. Versuche es auch einmal.

☞ Überlege, wie man Ostern als „Fest des Lebens und der Freude“ feiern kann.

Jesus ist nicht mehr da
(Christi Himmelfahrt und Pfingsten)

Lukas erzählt (Lukas 24 und Apostelgeschichte 1-2):

Vierzig Tage ist Jesus bei den Jüngern.
Er sagt: „Geht nach Jerusalem!
Gottes Geist kommt bald zu euch.
Er gibt euch Kraft und Mut.
So könnt ihr den Menschen von mir und
von Gottes neuer Welt erzählen."

Dann ist Jesus verschwunden. Die Jünger sehen
zwei Männer mit weißen Gewändern.
Sie sagen: „Jesus ist beim Vater im Himmel.
Aber er kommt irgendwann wieder."

☞ Schreibe weiter: Himmel – das bedeutet für mich …

Jesus ist nicht mehr da. Die Jünger gehen
nach Jerusalem zum Pfingstfest.
Viele Leute aus aller Welt sind hier.
Die Jünger haben Angst und bleiben im Haus.
Plötzlich spüren sie Wind und Feuer über sich.
Gottes Geist macht den Jüngern Mut.
Sie gehen unter die Leute.
Jeder versteht sie in seiner Sprache.
Petrus sagt zu den Menschen:
„Jesus ist von den Toten auferstanden.
Er ist der Retter der Welt."
Manche glauben daran, andere nicht.

☞ Beschreibe, wie es sich anfühlt, wenn man plötzlich Kraft und Mut bekommt.

Christen glauben, dass **Gottes Geist** die Menschen begleitet und ihnen Kraft gibt. Durch ihn bekommt man Mut, aufeinander zuzugehen. Gottes Geist ist wie eine Brücke zu ihm und zu anderen Menschen.

Nach Jesus geht es weiter

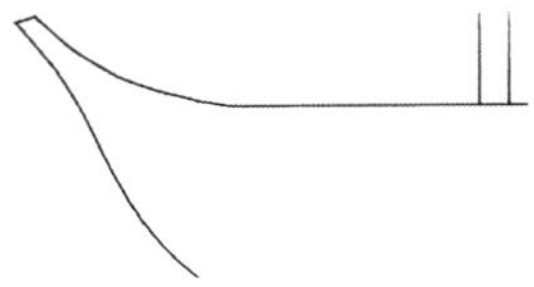

Die Botschaft von Jesus geht um die Welt.
Die Jünger werden „Apostel“ – das meint:
Menschen, die Gott aussendet.

Auch Paulus wird zum Apostel.
Er hat die Freunde Jesu verfolgt.
Dann ist ihm Jesus begegnet.
Seither reist er umher und erzählt
den Menschen von Jesus.
Er schreibt Briefe, in denen er
Fragen zum Glauben beantwortet.

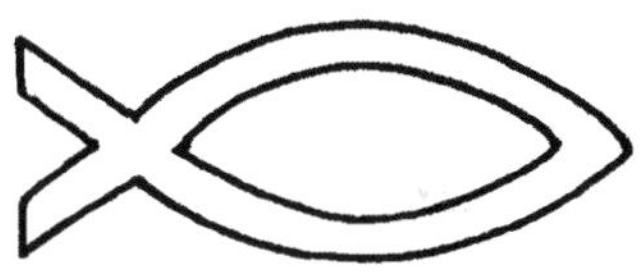

Die Freunde geben Jesus den Namen „Christus“.
Das heißt „gesalbter König“.
Sie selbst nennen sich „Christen“.
Die ersten Christen hatten Geheimzeichen.
Eines davon war der Fisch.
Fisch heißt auf Griechisch „IChTUS.“
Das war für sie die Abkürzung der Worte
ICh = Jesus Christus,
TU = Sohn Gottes (Theou huios),
S = unser Retter (Sotär).
Ein anderes Zeichen sind die griechischen
Buchstaben X (= Ch) und P (= R).
Damit fängt der Name „Christus“ an.
Geheimzeichen brauchten die Christen,
weil die Römer sie verfolgten.
Die Christen wollten nämlich den römischen Kaiser
nicht als Gott verehren.

Nach und nach entstanden Kirchen
rund um die Welt. So wurde das Christentum
eine Weltreligion.

☞ Wo gibt es heute überall auf der Welt Christen?
Frag nach oder suche nach Informationen.

☞ Welche Kirchengemeinschaften kennst du?

JESUS-Suchrätsel

☞ In dem Suchrätsel sind 16 Worte versteckt, die mit Jesus zu tun haben. Finde sie heraus. Anschließend kannst du unten die Wörter überprüfen.

1.	J	E	R	I	C	H	O	H	L	N	E	L	F	T	K
2.	Ü	T	K	A	H	U	R	A	F	A	K	G	M	P	R
3.	N	G	W	E	R	R	Q	H	A	Z	A	L	P	A	E
4.	G	N	E	N	I	B	A	N	F	A	O	E	E	T	U
5.	E	N	U	G	S	O	E	F	U	R	U	I	T	E	Z
6.	R	J	B	E	T	H	L	E	H	E	M	C	R	U	A
7.	T	O	M	L	U	F	E	T	S	T	E	H	U	L	C
8.	I	S	A	R	S	S	A	H	E	H	P	N	S	E	H
9.	J	E	R	U	S	A	L	E	M	E	O	I	E	N	Ä
10.	B	F	I	F	V	A	T	E	R	U	N	S	E	R	U
11.	E	R	A	E	E	J	B	A	R	T	I	M	Ä	U	S
12.	A	U	F	E	R	S	T	E	H	U	N	G	E	N	D

Zeile 1: Jünger, Jericho, Christus, Nazareth, Kreuz; Zeile 2: Gleichnis; Zeile 3: Engel; Petrus; Zeile 5: Zachäus; Zeile 6: Josef; Bethlehem; Zeile 7: Maria; Zeile 9: Jerusalem; Zeile 10: Vaterunser; Zeile 11: Bartimäus; Zeile 12: Auferstehung.

Jesus-Geschichten – Wie war das noch?

☞ Über Jesus werden viele Geschichte erzählt. Schau dir die Bilder an und überlege, welche du kennst und erzähle die Geschichte nach.

☞ Überlege: Was sagt die jeweilige Geschichte über Jesus aus?

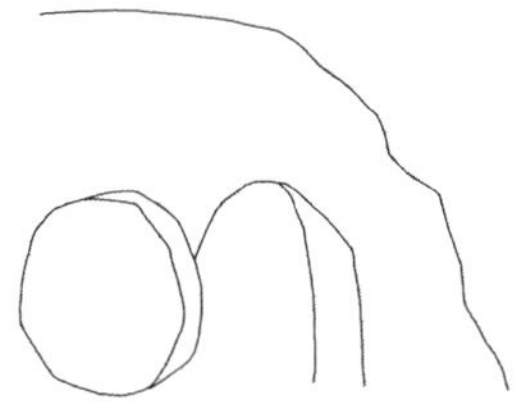		

Kreuzigung	Verrat des Petrus	Im Garten Gethsemane
Ostern	Bartimäus	Jesus wird verhaftet
Berufung der Jünger	Die Jünger begegnen Jesus in Emmaus	Der Gelähmte wird geheilt
Jesus und die Kinder	Alle werden satt	Bergpredigt

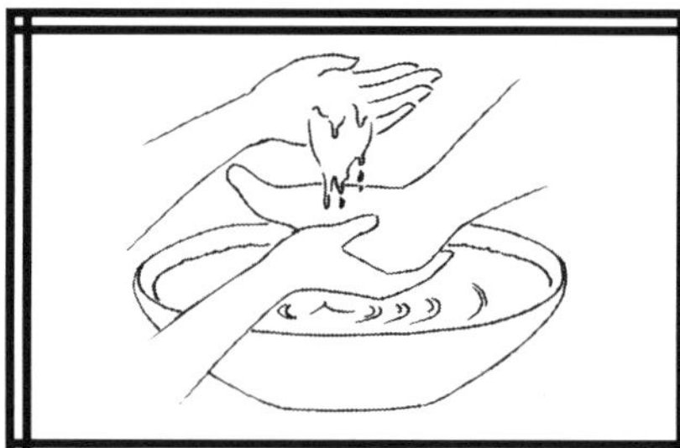 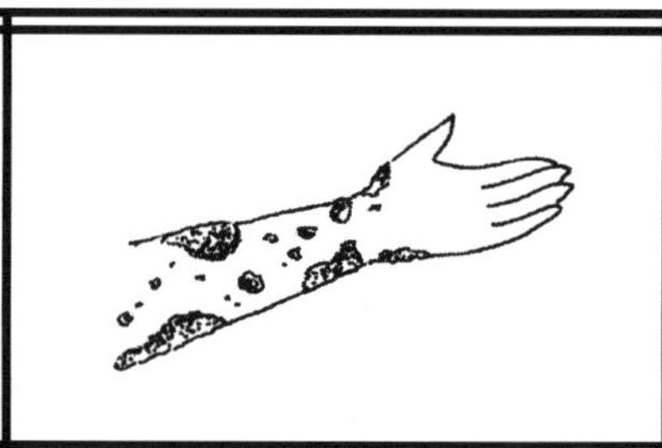 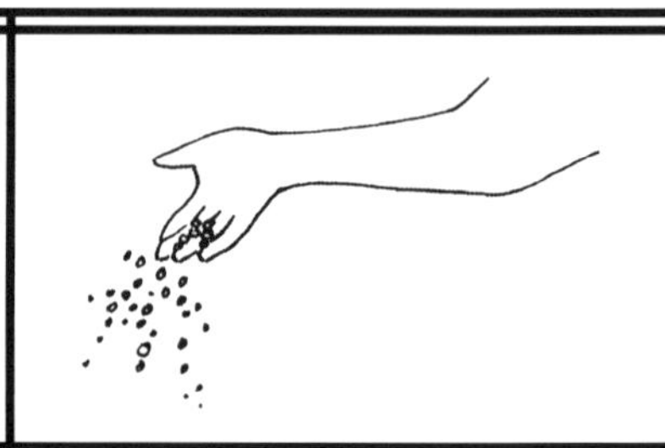

  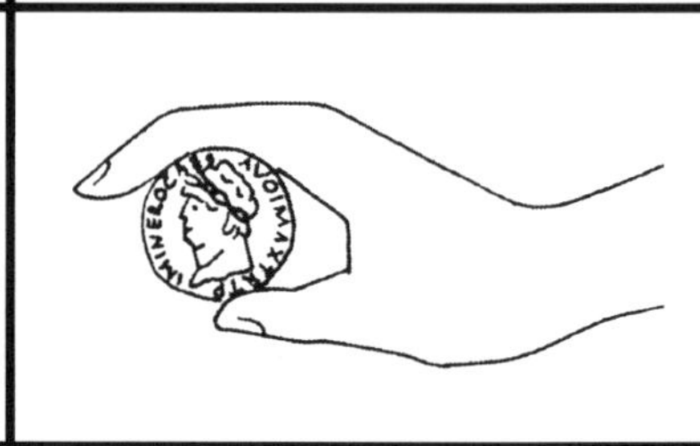

Jesus wird geboren und in die Krippe gelegt	Die Weisen aus dem Morgenland	Der Zöllner Zachäus
Jesus im Tempel	Das verlorene Schaf	Jesus als Kind im Tempel
Der Ausgestoßene	Die Fußwaschung	Das Gleichnis vom Sämann
Jesus stillt den Sturm	Der barmherzige Vater	Jesus wird getauft
Die Arbeiter im Weinberg	Der barmherzige Samariter	Jesus zieht in Jerusalem ein

Wer ist Jesus für mich?

☞ Wer Geschichten von Jesus hört, begegnet ihm auf verschiedene Weise. Man bekommt ein Bild von ihm – und kann etwas über ihn sagen. Folgende Aussagen stammen von Schülerinnen und Schülern der 4. Klasse:

Jesus ist für mich einer, der heilen kann.

Jesus ist für mich ein Freund von Gott.

Jesus ist für mich einer, der vorm Tod beschützt.

Jesus ist für mich ein normaler Mensch, der gestorben ist.

Jesus ist für mich ein netter lieber Mensch, der Leuten hilft.

Jesus ist für mich der Sohn von Gott, der uns alles erklärt.

Jesus ist für mich jemand, dem man Geheimnisse anvertrauen kann.

☞ Was kannst du über Jesus sagen? Schreibe dies in den Rahmen.

☞ Gestalte ein Bild von Jesus, indem du auch Farben um ihn herum malst, die für dich mit Jesus zusammenhängen.

Hinweise

S. 14: Bilder aus „Unter Gottes freiem Himmel“ (© Deutsche Bibelgesellschaft) und „Kinderlesebibel“ (© Vandenhoeck & Ruprecht); Historische Kinderbibeln aus: „Kinderbibel damals – heute – morgen“ (© Michael Landgraf); S. 15: Evangelisches Gesangbuch, Lied 225; Karten S. 23 und S. 24 auf Grundlage der Arbeitshilfe Religion Grundschule Neu, 1./2. Schuljahr, 1. Halbband S. 107, © Calwer; Lied S. 51: © T: Jürgen Fliege; M: Holger Clausen.; Satz: Das Kindergesangbuch (Claudius). Alle Rechte im tvd-Verlag Düsseldorf.

Hinweise auf die Reihe „ReliBausteine primar“

Die Reihe „ReliBausteine primar“ für den Unterricht in der Grundschule und Orientierungsstufe besticht durch drei Elemente:

- Eine prägnante **Einführung** in ein komplexes Thema wird dargeboten, die sowohl Menschen in Ausbildung als auch Lehrenden in Schule und Gemeinde hilft, sachliche und didaktische Fragen zu klären.
- Elementare **Arbeitsmaterialien**, die in Schule und Gemeinde leicht einsetzbar sind.
- **Kreativideen**, wie man im Unterricht und darüber hinaus aktiv werden kann.

Bisher sind in der Reihe „ReliBausteine primar“ die Bände „Kirche erkunden“, „Unsere Kirchen“, „ICH und DU“, „Jesus begegnen“, „Religionen der Welt“, „Altes Testament“ und „Schöpfung“ erschienen.

Michael Landgraf
Kirche erkunden
(ReliBausteine primar)
DIN A4, 72 Seiten, Paperback
ISBN (Calwer) 978-3-7668-4083-7
ISBN (VSP) 978-3-939512-12-7
ISBN (RPE) 978-3-938356-24-1

Michael Landgraf
Unsere Kirchen
(ReliBausteine primar)
DIN A4, 72 Seiten, Paperback
ISBN (Calwer) 978-3-7668-4075-2
ISBN (VSP) 978-3-939512-16-5
ISBN (RPE) 978-3-938356-29-6

Michael Landgraf
ICH und DU
(ReliBausteine primar)
DIN A4, 80 Seiten, Paperback
ISBN (Calwer) 978-3-7668-4171-1
ISBN (VSP) 978-3-939512-23-3
ISBN (RPE) 978-3-938356-34-0

Michael Landgraf
Religionen der Welt
(ReliBausteine primar)
DIN A4, 80 Seiten, Paperback
ISBN (Calwer) 978-3-7668-4219-0
ISBN (VSP) 978-3-939512-45-5
ISBN (RPE) 978-3-938356-41-8

Michael Landgraf
Altes Testament
(ReliBausteine primar)
DIN A4, 80 Seiten, Paperback
ISBN (Calwer) 978-3-7668-4261-9
ISBN (VSP) 978-3-939512-55-4
ISBN (RPE) 978-3-938356-54-8

Michael Landgraf
Schöpfung
(ReliBausteine primar)
DIN A4, 80 Seiten, Paperback
ISBN (Calwer) 978-3-7668-4344-9
ISBN (VSP) 978-3-939512-72-1
ISBN (RPE) 978-3-938356-61-6